Michael Rutz (Hg.)

Zukunft Deutschland

Bestehen in einer gefahrvollen Welt

HERDER

FREIBURG · BASEL · WIEN

Verlag Herder GmbH, Freiburg im Breisgau 2025
Hermann-Herder-Str. 4, 79104 Freiburg

www.herder.de

Bei Fragen zur Produktsicherheit wenden Sie sich an
produktsicherheit@herder.de

Umschlagmotive: © Kryssia Campos/GettyImages (Landkarte),
© Stefan Balaz/shutterstock (Pfeil)
Umschlaggestaltung: Verlag Herder GmbH
Satz: Daniel Förster, Belgern
Herstellung: GGP Media GmbH, Pößneck
Printed in Germany

ISBN (Print): 978-3-451-03752-8
ISBN (PDF): 978-3-451-84141-5
ISBN (EPUB): 978-3-451-84089-0

Inhalt

Michael Rutz

Ein Mut machendes Vorwort

Diesem Buch und den in ihm enthaltenen Vorträgen der *Dom-Gedanken* des Jahres 2025 im Dom zu Münster ist ein Ziel gemeinsam: Mut zu machen in Zeiten, in denen viele Kräfte versuchen, uns mutlos zu machen. Putins Apparat arbeitet daran, Europa zu demoralisieren und zu destabilisieren. Der US-Präsident kündigt den freiheitlich-demokratischen Staatswesen mit ihren Checks und Balances (und damit auch uns) die Freundschaft und begibt sich auf den Weg zu totalitären Strukturen.

Also kommt es jetzt auf uns selbst an, auf unsere Selbstvergewisserung: Was haben wir zu bieten? Was davon wollen und sollten wir verteidigen? Welche Defizite tun sich auf? Wie füllen wir sie? Wie groß ist unsere Bereitschaft, für den Erhalt unserer Freiheit, unserer Demokratie und damit auch unseres Wohlstands Opfer zu bringen? Wie groß ist unsere äußere, vor allem aber auch die innere Widerstandsfähigkeit? »Resilienz«, nennen es die politologischen Zeitgenossen.

Das hat mit Hoffnung, mit Optimismus und mit Mut zu tun. Das eine baut auf das andere auf: Hoffnung, so zitiert Eva Illouz in ihrem lesenswerten Buch »Explosive Moderne« den ehemaligen tschechischen Staatpräsidenten Vaclav Havel, *ist eine Dimension unserer Seele […]. Hoffnung ist keine Prognostik. Sie ist Orientierung des Geistes, Orientierung des Herzens, die die unmittelbar gelebte Welt übersteigt und irgendwo in der Ferne verankert ist […]. Je ungünstiger die Situation ist, in der wir unsere Hoffnung bewähren, desto tiefer ist diese Hoffnung. Hoffnung ist eben nicht Optimismus. Es ist nicht die Überzeugung, dass etwas gut ausgeht, sondern die Gewissheit, dass etwas Sinn hat – ohne Rücksicht darauf, wie es ausgeht.*[1]

Also: Hat es Sinn, wie wir leben? Ja, unbedingt, finde ich. Denn wir haben uns nach allen Glanzzeiten und Katastrophen der Geschichte und ihren Lehren ein Gesellschaftssystem entworfen, das den Menschen in seiner Würde ernst nimmt und achtet, das sein innerstes Freiheitsbestreben mit den Interessen des Gemeinwohls immer neu auszutarieren versteht und das zugleich in seinen sozialen und ökonomischen Erfolgen bestmöglich abgeschnitten hat. Also können wir, mit Havel, die Gewissheit haben, dass unser Gemeinwesen Sinn hat.

Der Optimist geht einen Schritt weiter. Er glaubt fest daran, dass sich das Sinnvolle auch in handfester Zukunft materialisiert, dass Zukunft also gut ausgeht. Er glaubt, dass die durch Freiheit und ihre Möglichkeiten privilegierten Menschen von ihr nicht lassen wollen. Er ist der Überzeugung, dass sie ihre Lethargie abschütteln, wenn sie spüren, dass es ernst wird. Und der Optimist verschwendet keinen Gedanken daran, dass seine Haltung naiv sein könnte.

Dafür hat er Gründe. Er sieht die große politische Leistung der Aufbaujahre in Deutschland nach dem Zweiten Weltkrieg. Er spürt noch die Kraft und den enormen geschichtlichen Sinn der Europäischen Idee, die Robert Schuman und Konrad Adenauer so weitsichtig begründet und andere nach ihnen weiterentwickelt haben und deren Einzigartigkeit *Armin Laschet*, der Vorsitzende des Auswärtigen Ausschusses des Deutschen Bundestages, in diesem Buch schildert.

Der Optimist kann auch nicht glauben, dass die Menschen in Deutschland sich von einer Wirtschaftsform abkehren wollen, die eine ihrer besten Eigenschaften darin hat, dass sie immer wieder erneuerungsfähig und für neue Impulse zugänglich ist. *Veronika Grimm*, eine der »Fünf Weisen«, zeigt die gegenwärtige Reformagenda in der Überzeugung auf, dass es an Diagnose nicht fehlt, aber nun kraftvolle Therapie einsetzen muss.

Der Optimist glaubt auch an die enorme Kraft von Wissenschaft und Forschung. Sie kann Probleme lösen, auch die großen Probleme unserer Zukunft. *Otmar Wiestler*, Präsident der Helmholtz-Forschungsgemeinschaften mit ihren 50 000 Mitarbeitern, schildert diese Zukunftsfelder in diesem Buch, und er weiß als einer der obersten Forschungsmanager der Republik genau, wovon er spricht.

Der Optimist sieht zwar, dass die Irrationalitäten zu allen Zeiten auch Zwist und Kriege ausgelöst haben – Religionen waren und sind ja nicht immer so friedensstiftend, wie sie sein sollten. Aber er glaubt fest daran, dass jene Religionen zukunftsprägend sein werden, die Frieden wollen und nicht Zerstörung, die den Menschen und seine Würde verteidigen und die Gehör finden bei den Mächtigen unserer Zeit. *Annette Schavan* berichtet von dieser Kraft der Religionen und den Sinn stiftenden Gedanken, der sie trägt.

Und, ganz wichtig: Der Optimist lässt sich nicht beirren in der Überzeugung, dass der dem Menschen innewohnende Freiheitsdrang unauslöschlich ist. Seit Jahrtausenden bezeugen das große Denker, aber auch die gelebte Geschichte. Und gerade das europäische Denken ist ein Denken in Kategorien der Freiheit, wie

Tiemo Kracht, der selbst Unternehmer ist, aber auch Historiker und Politologe, eindrucksvoll belegt.

So lässt sich dieses Buch lesen als ein Buch des Mutes und der Zuversicht, als Aufforderung, Humanität, Freiheit und Ordnung miteinander zu verbinden, als Gestaltungsauftrag für einen Staat, der die Menschen »nicht bevormundet, sondern ermöglicht, dass jeder sein Leben selbstbestimmt gestalten und sich frei und gleichberechtigt in unsere Gesellschaft einbringen kann«, wie es der obervernünftige Grüne Winfried Kretschmann, Ministerpräsident in Baden-Württemberg, einmal formuliert hat.[2]

Der St.-Paulus-Dom in Münster war nun im zwölften Jahr der Ort des Nachdenkens über wichtige gesellschaftliche und historische Themen. Immer hat das Unternehmen *Evonik Industries*, dort namentlich Christian Kullmann, Christian Schmidt und Norbert Neß, diese Reihe finanziell ermöglicht, in der Überzeugung, dass auch Unternehmen *corporate citizens* sind, sich also wie die Bürger in Debatten einbringen sollten. Das gilt erst recht natürlich für die Kirchen in Deutschland, das Domkapitel in Münster – namentlich die Dompröpste Hans-Bernd Köppen und zuvor Kurt Schulte – nahm und nimmt diese Aufgabe eines engagierten Christentums sehr ernst.

Im Verlag Herder hat Bettina Bergmann dieses Buch sehr sorgfältig betreut.

Ihnen allen gilt mein ganz besonderer Dank.

Egestorf, 30. Oktober 2025

Anmerkungen

1 Eva Illouz, *Explosive Moderne*, Berlin, 2024, S. 55.

2 Winfried Kretschmann, *Worauf wir uns verlassen wollen. Für eine neue Idee des Konservativen*. Frankfurt: Fischer, 2018, S. 145.

Annette Schavan

Die Kraft der Religionen

… und ihr Gestaltungspotenzial für eine friedliche Welt

Die Zeit eilt Gott und seiner Ewigkeit entgegen,
nicht der Vergangenheit und dem Untergang.
Karl Rahner

Ein globales Ethos

Es gibt keinen Frieden unter den Nationen ohne den Frieden unter den Religionen, darauf hat Hans Küng, ein Pionier des interreligiösen Dialogs, vor über 30 Jahren hingewiesen. Wenige Wochen nach den Anschlägen des 11. September 2001 warb Küng in einer Rede vor der UN-Vollversammlung für ein globales Ethos:

> *Die Globalisierung braucht ein globales Ethos, nicht als zusätzliche Last, sondern als Grundlage und Hilfe für die Menschen, für die Zivilgesellschaft. Einige Politologen sagen für das 21. Jahrhundert einen »Zusammenprall der Kulturen« voraus. Dagegen setzen wir unsere anders geartete Zukunftsvision; nicht einfach ein optimistisches Ideal, sondern eine realistische Hoffnungsvision: Die Religionen und*

Kulturen der Welt, im Zusammenspiel mit allen Menschen guten Willens, können einen solchen Zusammenprall vermeiden helfen, vorausgesetzt, sie verwirklichen die folgenden Einsichten: Kein Friede unter den Nationen ohne Frieden der Religionen. Kein Friede unter den Religionen ohne Dialog der Religionen. Kein Dialog der Religionen ohne globale ethische Standards. Kein Überleben unseres Globus in Frieden und Gerechtigkeit ohne ein neues Paradigma internationaler Beziehungen auf der Grundlage globaler ethischer Standards.[1]

Wenn wir das hören, erschrecken wir! Und wir erinnern uns. Es gibt ein Parlament der Weltreligionen, das zuletzt im August 2023 in Chicago getagt hat. Erstmals tagte es 1993, wozu Hans Küng die »Erklärung zum Weltethos« vorlegte. Seither hat es als eine globale unterreligiöse Organisation acht Veranstaltungen gegeben.

Hans Küng war wirklich ein Pionier und hat seine Vision vom globalen Ethos vielfach beschrieben und in verschiedene politisch relevante Handlungsfelder entfaltet. Die Stiftung WELTETHOS in Tübingen pflegt sein theologisches Erbe und wirbt für seine Vision eines globalen Ethos.

Wir erschrecken zugleich, weil wir von einem solchen Ethos heute so weit entfernt sind wie seit Jahrzehnten nicht. Das Jahr 1993 liegt wenige Jahre nach der die Welt bewegenden Wiedervereinigung Europas im Jahr 1990. Das war eine Zeit des Aufbruchs und der Zuversicht, dass die Freiheit eine weltweite Attraktivität gewinnen werde, der niemand widerstehen kann. Davon waren wir überzeugt – ich auch.

Es gibt ikonische Bilder aus dieser Zeit. Es gibt auch Bilder aus den Jahren 1979/80, auf denen der damalige Papst Johannes

Paul II. in Polen zu sehen ist – mit dem damaligen polnischen Präsidenten Jaruzelski, mit Menschenmassen bei Gottesdiensten in seiner Heimat und dem so entscheidenden Bild, das ihn mit den Werftarbeitern in Danzig zeigt. »Fürchtet Euch nicht« – das hat er ihnen zugerufen und sie ermutigt in ihrem Freiheitskampf. 10 Jahre haben Christen gekämpft und gebetet – auch in Kirchen der damaligen DDR.

Die Montagsgebete waren für die Menschen eine Quelle ihrer Kraft und ihres Durchhaltevermögens. Die 1980er Jahre sind eine Dekade einer umfassenden Freiheitsbewegung in den Ländern Osteuropas gewesen. Europa sollte wieder vereinigt und »auf beiden Lungenflügeln atmen« – in den Worten von Papst Johannes Paul II zitiert. Das hat sein langes Pontifikat geprägt. So politisch relevant können Impulse aus Religionen zur richtigen Zeit sein.

Alle Zeichen auf Konfrontation

Der Sprung in diese Tage fällt schwer. Es ist eine Zeit, in der alle Zeichen auf Konfrontation stehen. Von einem globalen Ethos spricht niemand mehr. Wer davon redet, gilt als Idealist, Gutmensch oder aus der Zeit gefallen. Die Enzykliken von Papst Franziskus »Laudato sì« und »Fratelli tutti« sind zwei Dokumente, die an ein globales Ethos erinnern und daran, dass nur so die großen Zukunftsfragen der Welt beantwortet werden und die damit verbundenen Probleme gelöst werden können. Nur gemeinsam!

An Gemeinsamkeiten arbeiten derzeit aber nur wenige. Die anderen basteln an einer neuen Weltordnung. Papst Franziskus hat es so formuliert: »Gott gebe es, dass es am Ende nicht mehr ›die Anderen‹, sondern nur ein ›Wir‹ gibt.«[2] Am Ende seines Lebens hat er vermutlich nicht nur an seinen körperlichen Gebrechen gelitten, sondern auch daran, wie sich die Welt immer mehr von dem entfernt, was für eine gute Zukunft notwendig ist. Wir kommen dem »Wir« nicht nur nicht näher; wir entfernen uns immer weiter davon. Bereits getroffene Vereinbarungen der Solidarität werden aufgekündigt. Die Überzeugung, dass es ein globales Ethos braucht – für den Frieden und für das Überleben der Menschheit – ist derzeit nicht en vogue.

Die Religionen und der Frieden

Zu den Prioritäten des Pontifikats von Papst Franziskus gehörte, die Religionen zu einem aktiven Dienst für den Frieden in der Welt zu bewegen. Die ersten Monate des Pontifikats von Papst Leo XIV. zeigen eine Kontinuität dieser Bemühungen – um den Frieden und die Kraft der Religionen für den Frieden.

Nicht vergessen dürfen wir dabei, dass Spannungen zwischen Politik und Religionen auch zu allen Zeiten zu Verfolgung, Gewalt und Terror führten. Wer durch die ehemaligen jüdischen Ghettos in europäischen Städten wie Prag, Venedig und Rom geht, wird an die Pogrome und gesellschaftlichen Exklusionen gegenüber der jüdischen Bürgerschaft erinnert. In der Sala Regia im Apostolischen Haus in Rom, in der der Papst das diplomatische Korps zum Neujahrsempfang begrüßt, sind Gemälde vom Massenmord an den Protestanten in der Bartholomäusnacht 1572 in Frankreich und von der Schlacht von Lepanto zu sehen, in der 1571 die christlichen Mittelmeerstaaten die Flotte des Osmanischen Reiches besiegten. Die Kreuzzüge und die Begegnungen christlicher Missionare mit indigenen Völkern stehen für Fanatismus und Gewalt. Heute ist es der islamistische Terror, der die Welt erschüttert. So stehen Hamas und Hisbollah in ihrem

Kampf gegen die Existenz des Staates Israel für Barbarei, Terror und Menschenverachtung.

Bis in unsere Tage hinein gibt es die fatale Vereinnahmung von Religion – auch im Christentum – durch die Kriegstreiber dieser Welt. So nennt der Patriarch der russisch-orthodoxen Kirche Kyrill Putins Angriffskrieg auf die Ukraine einen »heiligen Krieg«, den Putin gegen »das Böse« und gegen den Westen führe. Der Westen verkörpert nach Kyrills Auffassung das Böse und die Abkehr vom Heiligen sowie den Verfall christlicher Werte. Vom Frieden der Religionen und einem wirksamen Dienst der Religionen für den Frieden sind wir weit entfernt. Die verheerenden Konsequenzen der afghanischen Talibanherrschaft, speziell für die Frauen, stehen ebenso für den Missbrauch von Religion wie der Angriff auf das Kapitol in Washington am 6. Januar 2021. Da waren Kreuze zu sehen und Bibelzitate zu hören. Eine extreme politische Rechte kaperte gleichsam christliche Zeichen und Worte der Bibel für Gewalt und Aufruhr gegen einen demokratisch legitimierten Regierungswechsel.

Können Religionen angesichts solcher aktuellen Entwicklungen als überzeugende Kräfte für den Frieden und für gute Zukunftsperspektiven gesehen werden?

Die Friedensnobelpreisträgerin, Menschenrechtsaktivistin, Politikerin und gläubige Muslima Tawakkol Karmann aus dem Jemen sagte 2016 beim Friedenstreffen in Assisi:

> *Es gibt keine Verbindung zwischen Terror und Religion. Aber: es gibt eine Verbindung zwischen Terror und Ungerechtigkeit, Terror und Korruption, Terror und Unterentwicklung und fehlenden religiösen Reformen. Gott und alle Werte, die uns die Religionen lehren, haben mit Frieden zu tun und Liebe.*

Es gibt keine Verbindung zwischen Gott und Gewalt, zwischen Religion und Gewalt.

Ihre Worte erinnern an das Buch Jesaja (32,17), in dem es heißt, dass der Friede ein Werk der Gerechtigkeit ist. Darauf nahm der frühere Kardinalstaatssekretär Casaroli Bezug, als er erklärte: »In Wirklichkeit sieht die Kirche den Frieden vor allem als Problem der Sozialethik, d. h. als moralische Verpflichtung und Verantwortung.«

Eine heutige Friedensethik handelt deshalb nicht allein vom Verzicht auf Waffen. Eberhard Schockenhoff nennt in seiner *Friedensethik für eine globalisierte Welt* als Säulen eines gerechten Friedens den weltweiten Schutz der Menschenrechte, die Förderung der Demokratie, wirtschaftliche Zusammenarbeit und den Ausbau supranationaler Verflechtung.

Diese Wege zum Frieden zeigen eine anspruchsvolle, vielgestaltige Aufgabe, die sich mit dem Rückfall in Nationalismen und Konzepten einer Entkoppelung von Staaten schwerlich vereinbaren lässt. Nationale und kulturelle Egoismen führen dazu, dass die Zahl regionaler Konflikte zunimmt und der Weltfrieden immer brüchiger wird.

Die Weltkirche hat im 20. Jahrhundert bemerkenswerte Impulse für Frieden und Solidarität gesetzt. Dafür stehen die Reden der Päpste vor nationalen und internationalen Parlamenten ebenso wie konkrete Initiativen zur Völkerverständigung. Herausragend ist die Entscheidung von Papst Paul VI. 1965, zunächst nach Israel und dann, in der Schlussphase des II. Vatikanischen Konzils, nach New York zu reisen und dort eine Rede vor der Vollversammlung der Vereinten Nationen zu halten. Diese Rede, wie die aller nachfolgenden Päpste vor der UN, zeigt die Weltkirche als global ausgerichtet, ein besonderer Status, jenseits von politischen Bündnissen und deshalb auch ohne Bündnispflichten. Die Päpste formulieren programmatische Perspektiven, die weltweit Fortschritte ermöglichen. Sie plädieren für Frieden und Solidarität und eine anthropologische Wende in der Weltpolitik.

Papst Franziskus schließlich verband eine neue anthropologische Perspektive mit einem Verständnis von Gemeinwohl, das der ökologischen Krise Rechnung trägt und mit einem langen Atem anzustreben sei. Da ist dann auch der Grundgedanke in seiner Enzyklika »Laudato Sì«, die der Klimaökonom Ottmar Edenhofer als ein neues Kapitel in der katholischen Soziallehre bewertet.

Das erwähnte Wort des Propheten Jesaja, wonach der Friede ein Werk der Gerechtigkeit ist, gilt heute mehr denn je. Wenn die Religionen wirksame Stimmen für den Frieden sein wollen (und das sollten sie), dann darf es nicht wenigen Idealisten in den Religionen überlassen bleiben, dafür zu werben und den unterreligiösen Dialog zu führen. Dann darf den Radikalisierungen in den Religionen nicht tatenlos zugesehen werden. Die Welt braucht im 21. Jahrhundert nicht neue Unheilsgeschichten, die entstehen, weil Gewaltstifter den Hoffnungsfundus der Religionen kapern.

Die Kraft der Religionen

Friede in der Welt beginnt in unseren Herzen und in unseren Gesellschaften. Aus welchen Quellen schöpfen wir? Welche Zukunftsperspektiven entwerfen wir? Ich verlasse die globale Welt und komme auf unser Gemeinwesen in Deutschland zu sprechen.

Dann heißt die Frage: Wie kann sich die Kraft des Christentums für eine gute Zukunft entfalten? Und ebenso: Wie kann religiöse

Diversität zu einem guten Miteinander, zu Dialog und gemeinsamem Einsatz für eine gute Zukunft kommen?

In den Jahren der jungen Bundesrepublik gehörten über 90 Prozent der Bürgerinnen und Bürger einer der beiden christlichen Kirchen an. Diese Prägungen waren spürbar, sie galten als politisch relevant und haben sich auch in konkreten politischen Entscheidungen gezeigt. Es war so gesehen eine homogene Gesellschaft im Vergleich zu späteren Jahrzehnten. Das war auch deshalb so, weil neben den kirchlichen Bindungen gemeinsame Erfahrungen von Kriegs- und Nachkriegszeit prägend waren. Es war eine besondere, vermutlich eine Ausnahmesituation.

Die Prinzipien der katholischen Sozialethik waren ein Schlüssel für den Aufbau der Bundesrepublik: Ihre föderale Ordnung, der Vorrang der kleinen Einheit vor der großen Einheit und der freien Träger vor dem Staat wurden zu einer großen Chance für Verbände und Organisationen der Kirchen in vielen Bereichen der Gesellschaft. Sie wirkten freiheitsstiftend und haben Vielfalt zu einem Merkmal der bundesrepublikanischen Gesellschaft werden lassen. Das hat das Ansehen des Landes gestärkt – auf seinem Weg zurück in die Völkergemeinschaft. Tempi passati!

Heute ist weniger als die Hälfte der Bürgerinnen und Bürger Mitglied in einer der beiden christlichen Kirchen. Der Rückgang der Mitgliederzahlen wird in der römisch-katholischen Kirche wie in den evangelischen Landeskirchen weitergehen.

Der Autoritätsverlust der Kirchen hat viele Ursachen. Er ist auch selbstverschuldet. Dazu habe ich in diesem St.-Paulus-Dom schon gesprochen und sage jetzt nur: Es scheint, als könnten die Kirchen mit den Umwälzungen, in denen die

Welt und auch sie selbst stecken, nichts anfangen. Der Blick ist rückwärts und nach innen gewandt. Die Kriterien für Gelingen und Misslingen liegen in der Vergangenheit. So schwindet die Präsenz hier und heute. Das Verständnis für die Botschaft, für die Sprache, für Bilder und Symbole schwindet rasant.

Das alles ist kein Drama, muss aber wahrgenommen und gedeutet werden. Es steckt Verfallsgeschichte dahinter. Es entsteht aber auch Raum für Neues, für Aufbruch und neue Perspektiven. Bekanntlich liegen Krise und Kairos nahe beieinander. Es gilt, die Sprachen des Glaubens neu zu entdecken. Die Priorität der kirchlichen Verwaltung sollte durch die Solidarität mit den Peripherien unseres Landes und der Welt ersetzt werden.

Auf die Zeit der Gewohnheiten folgt nun die Zeit der Entscheidungen. Das geht nicht automatisch. Da braucht es eine christliche Geistesgegenwart. Praxis aus Gewohnheit hat keinen Qualitätsvorsprung gegenüber der Suche von heutigen Menschen und ihren Wegen, Entscheidungen zu treffen. Im Schlussdokument der Weltsynode ist von einer Kirche die Rede, die »den Wunden der Welt nahe ist«. Geistesgegenwart ist die Voraussetzung dafür, die Wunden zu erkennen und die Peripherien zu entdecken. Wo das gelingt, verändert sich das Leben und verändert sich eine Gesellschaft.

Es gibt gute Beispiele, z. B. die Laienbewegung Sant'Egidio, die 1968 in Rom gegründet wurde. Ihr Gründer Andrea Riccardi sagt, »das Christentum ist eine Perspektive, keine Retrospektive«. Sie handeln danach im Dienst des Friedens und der Armen. Die Erneuerung der Kirche wird von unten ausgehen müssen, davon bin ich überzeugt. Es braucht gleichsam pfingstliche Erfahrungen und einen pfingstlichen Aufbruch. Damals verstanden sich Menschen, die davon überzeugt waren, dass sie einander nicht verstehen können. Heute zerbricht Verstehen, wo es schon erreicht war – auch in der Christenheit, weil die Blasenbildung zunimmt.

Ja, Religionen können große Kraft entfalten und in modernen Gesellschaften und Kulturen wirksam sein. Die Gleichgültigkeit gegenüber Religionen in Deutschland und Europa darf nicht darüber hinwegtäuschen, dass es »religiös heiße Herzen« anderswo in der Welt gibt. Die Ergebnisse sind ambivalent.

Religionen schreiben Geschichten des Unheils, wo sie von Gewaltstiftern gekapert werden. Sie schreiben Heilsgeschichte, wo Friedensstifter ihre Zeugen sind.

Dann können wir ahnen, was Karl Rahner gemeint hat, wenn er schrieb:

> *Die Zeit eilt Gott und seiner Ewigkeit entgegen,*
> *nicht der Vergangenheit und dem Untergang.*

Anmerkungen

1 9. November 2001, New York.

2 Papst Franziskus, Für eine neue globale Geschwisterlichkeit: Impulse aus »Fratelli tutti«. 100 Worte von Papst Franziskus, hrsg. von Matthias Kopp, München: Neue Stadt, 2021, S. 5.

Armin Laschet

Europa wird gelingen

Gründe für außenpolitische Zuversicht

Wenn man sich nur zehn Jahre zurückerinnert, dann stellt man fest: Eigentlich war in Europa immer Krise. Ein Beispiel: 2016. Das Thema war ebenfalls »Europa«, als gerade die Briten die Europäische Union verlassen hatten. Man hatte den Eindruck, nun breche das ganze Gebilde auseinander, das Projekt Europa befinde sich an seinem Ende. Das zweite Mal war 2020, wir waren mitten in der Corona-Zeit. Doch in der Pandemie habe ich gerade auch als Ministerpräsident dauernd diese existenzielle Angst gehabt: Entscheiden wir gerade das Richtige? Und keiner wusste anfangs, wie das Ganze enden würde. Es war eine gefahrvolle Zeit.

Die heutige Fragestellung »Bestehen in einer gefahrvollen Welt« vermittelt uns wiederum das Gefühl, als sei es im Moment besonders gefahrvoll. Wenn wir uns allerdings zurückerinnern, gab es viele Momente in unserem Leben, die politisch ebenfalls voller Gefahren waren. Aber die gegenwärtige Dichte an solch existenziellen Ereignissen belastet uns alle. Wenn man sich erinnert: 2015 die Flüchtlingskrise, als wir mit einer großen Kraftanstrengung in allen Städten und Orten in Deutschland eine Million Menschen aufgenommen haben. Alle sind zusammengerückt, viele Hilfsleistungen wurden von den Kommunen gestemmt. Und wir haben gedacht: Jetzt haben wir das geschafft, jetzt kommen vielleicht einmal ruhigere Zeiten.

Aber dann kam Corona, und diese Pandemie hat noch gravierender in das Leben jedes Menschen eingegriffen, als die Politik durch Regulierung festgelegt hat, wie viele Personen am Heiligen Abend mit dabei sein durften – zwei Angehörige, ein Kind, alles war genau definiert. Bis in jeden Haushalt war geregelt, was man machen durfte und was nicht. Auch das hat uns und unsere Seelen erschöpft.

Dann dachten wir, nach der Flüchtlingskrise und der Pandemie: Jetzt können wir mal aufatmen – aber dann beginnt im Februar 2022 der russische Angriffskrieg auf die Ukraine. Plötzlich: Wieder Krieg mitten in Europa, und all die Dinge, von denen man dachte, sie seien jetzt wirklich erledigt, waren wieder da: Krieg, Waffen, Waffenstillstandslinien, 7000 Tote pro Woche bis zum heutigen Tag.

Hinzu kommt die aufgeladene Stimmung im Innern des Landes, wo plötzlich Pressefreiheit, Meinungsfreiheit und Demokratie wieder bedroht sind und Antisemitismus wieder auflebt. Die alten bösen Geister sind wieder aufgetaucht, und damit hatten wir nicht gerechnet in einer internationalen Ordnung, deren Vorbild 1648 in Münster mit dem Westfälischen Frieden geformt wurde, nach einem dreißigjährigen Krieg.

Die Prinzipien dieses Vertrags wurden zum Vorbild für alle späteren Friedenskonferenzen in der Welt, nämlich die Gleichberechtigung der Staaten unabhängig von ihrer Größe. Man schuf die Grundlagen für ein Völkerrecht, es ging darum, Beziehungen zwischen Staaten durch Rechtsgrundsätze zu regeln, in denen nicht das Recht des Stärkeren gilt, sondern die Stärke des Rechts.

Fast 400 Jahre ist das her. Aber wir merken in diesen Tagen, dass sich an der Verachtung des Völkerrechts so gut wie nichts verändert hat. Das stärkere Russland hat ein kleineres Land überfallen, die Ukraine, die sich mit der Unterstützung von vielen europäischen Ländern wehrt. Wir erleben auch in den Bildern aus Washington von Anfang August 2025, dass auch da die Macht des Stärkeren gilt, als acht europäische Regierungschefs Präsident Selenski zum Präsidenten der Vereinigten Staaten begleitet haben, damit er da nicht erneut so arrogant behandelt wird wie beim letzten Mal und damit diese Stärke dieses amerikanischen Präsidenten nicht dazu führt, dass er die Ukraine alleine lässt. Wir sehen also: Dieses »Recht des Stärkeren« ist heute scheinbar trotz aller Verträge, die wir haben, immer noch ein starker Faktor, der sich auch über geltendes Recht stellt.

Das ist die eine große Herausforderung unserer Tage: Wie können wir eigentlich, wenn der Krieg denn zu Ende ist, eine Friedensordnung schaffen, damit das nicht in drei oder vier Jahren wieder passiert – und wie können wir uns wirklich darauf verständigen, dass das Recht gilt? Deshalb ist der ganze Konflikt, den wir im Moment erleben, nicht nur die Frage »Ukraine – ja oder nein?«. Vielmehr lautet die Frage, sollte sich ein solcher Überfall auf einen Nachbarn lohnen: Wird das demnächst überall in der Welt wieder die Regel? Wird man erneut historisch einmal gewesene Beziehungen zur Grundlage von Gewalt gegen den Nachbarn heranziehen? Dann ist morgen ganz Afrika in Aufruhr, denn keine einzige Grenze ist dort eine historisch gewachsene Grenze. Es sind Grenzen, die die Kolonialmächte gezogen haben, quer durch Stämme, quer durch Traditionen. Wenn nun jeder wiederherstellen wollte, was aus irgendwelchen historischen Gründen einmal zusammengehört hat, dann haben wir in Afrika nur noch Kriege. Das Gleiche gilt für Taiwan und für viele andere Orte, wo das Völkerrecht bisher den Krieg verhindert.

Der zweite große Konflikt, der uns seit Jahrzehnten beschäftigt, ist der Nahe Osten, die Gewalt von Terroristen dort und als Folge ein schrecklicher Krieg mit vielen Tausenden Toten.

Eine dritte Herausforderung, die wir erleben, sind neue Technologien, Bilder und andere Daten in Echtzeit – mit der Möglichkeit, sie zu verfälschen, was die Kommunikation zu ihrem Nachteil verändert. So verstören mich beispielsweise die wiederholten Live-Übertragungen aus dem Weißen Haus von eigentlich vertraulichen Gesprächen unter Staatschefs, mit denen Statements live in die Welt posaunt werden, in denen der Gastgeber coram publico entweder seinen Gast niedermacht oder sich beide gegenseitig pflichtgemäß loben, alle wollen vor ihrem Land gut dastehen. Früher hat man zu Beginn ein Foto gemacht, hat sich zu vertraulichen Gesprächen zurückgezogen und anschließend eine Pressekonferenz gegeben oder wenigstens ein Statement. Heute wird selbst in diesen Live-Gesprächen mit verfälschten Fotos gearbeitet, eine neue Fähigkeit, die bei Missbrauch Konflikte und Kriege auslösen kann.

Inzwischen kann künstliche Intelligenz menschliche Entscheidungen ablösen. In manchen Bereichen kann das hilfreich sein, bei der Polizeiarbeit etwa, wenn sich mittels künstlicher Intelligenz Täter leichter verfolgen lassen. Wenn aber in Kriegen künstliche Intelligenz demnächst darüber entscheidet, welche Waffensysteme eingesetzt werden, dann ist die letzte menschliche Verantwortung nicht mehr da, man fürchtet auch, mit einer nicht mehr kontrollierten künstlichen Intelligenz könne sich die Welt selbst vernichten. Da brauchen wir wieder Regeln, wir brauchen die völkerrechtliche Bindung, dass jeder Einsatz von Waffen immer noch durch Menschen entschieden werden muss. Wir dürfen nie künstlicher Intelligenz die Entscheidungskompetenz darüber geben, wo getötet wird, welche Stadt vernichtet wird und welcher Panzer wie eingesetzt wird. Aber darauf muss sich die ganze Welt verständigen und dann muss sich auch wieder jeder an die Regeln halten. Es wird freilich immer Länder geben, die genau das nicht tun.

Wo also nehmen wir jetzt Zuversicht her? 1950 lebten in Europa 500 Millionen Menschen und auf der Welt circa zwei Milliarden. Heute leben in Europa immer noch 500 Millionen Menschen, in der Welt aber acht Milliarden. Der Einfluss Europas, unseres Wertesystems, unseres Denkens ist also viel kleiner geworden als noch in der Nachkriegszeit. Länder wie Indien und China haben über 1,4 Milliarden Einwohner, Afrika ist ein Kontinent mit stark wachsender Bevölkerung, und die Länder Südostasiens sind wirtschaftlich auf der Überholspur. Europa muss also seine Wettbewerbsfähigkeit sichern. Das klingt sehr technisch. Aber es geht darum, Arbeit für jeden Menschen in unserem Land zu sichern, denn wir leben wie kaum ein anderes Land von der Produktion der Dinge, die wir in die Welt bringen.

Unsere Handelspartner aber werden auch selbstbewusster. Im Ost-West-Konflikt war alles noch übersichtlich – zwei Supermächte und zwei Bündnisse. Heute sind Staaten wie die sogenannten BRICS-Staaten – Brasilien, Russland, Indien, China und Südafrika und andere – eine echte Herausforderung für den Westen.

Als wäre das nicht schon genug, hat man zu Beginn der 1990er Jahre eigentlich einen ganz anderen Weg gewählt. Man dachte, nach dem Ende des Ost-West-Konflikts widmen wir uns einer

Bedrohung, die uns alle gleichermaßen trifft, nämlich dem Klimawandel. Da spielt es keine Rolle, ob man Ost oder West ist, ob ein großes Land oder kleines Land. Jeder wird davon betroffen sein, und das hat 1992 zum Abkommen von Kyoto geführt. Diese Klimarahmenkonvention ist seither die völkerrechtliche Basis für weltweiten Klimaschutz und hat 198 Vertragsparteien inklusive der EU.

Die Kirchen haben das begleitet durch einen Prozess für Frieden, Gerechtigkeit und die Bewahrung der Schöpfung. Diese Aufgabe ist immer noch da, auch wenn das Klima-Thema die Schlagzeilen der Medien nicht mehr so großflächig besetzt. Die Bedrohungen sind nicht kleiner geworden und man kann daran auch das ethische Dilemma erkennen, vor dem man steht. Vor fünf Jahren – also 2020 – hat das Klima-Thema auch viele Wahlen bewegt und alle haben gesagt: Wenn der Kipppunkt überschritten wird, dann ist der Prozess des Klimawandels irreversibel, also nicht mehr zurückzudrehen, und dann weiß man nicht, welche Auswirkungen das alles hat. Also beherrschte das Klima-Thema alle politischen Debatten.

Dann kam der Angriffskrieg Russlands gegen die Ukraine – und plötzlich hatten sich die Prioritäten verschoben. Eben noch waren wir des Klimaschutzes wegen in Nordrhein-Westfalen aus der Braunkohle ausgestiegen, bezogen dafür mehr russisches Gas. Mit dem Russen-Gas war es nun plötzlich vorbei, aber Gas beziehen wir dennoch: Minister Habeck war nach Katar gereist und hat um LNG-Gas gebeten, die Kommissionspräsidentin von der Leyen hat Präsident Trump versichert, die EU kaufe in den nächsten Jahren für 650 Milliarden Dollar Öl und Gas in den USA, damit Trump keine Zölle gegen unsere Wirtschaft verhängt. Da war die Klimafrage plötzlich in den Hintergrund der Debatten verschwunden, denn nun beziehen wir Gas, das auf der anderen Seite des Atlantiks im Fracking-Verfahren gefördert wird, was wir bei uns in Deutschland ablehnen. Dieses Gas wird mit gigantischen, mit Dieselschweröl betriebenen Spezialschiffen quer über den Atlantik gefahren – mit einer schrecklichen Klima-Bilanz.

Das ist nicht ideal, aber es scheint notwendige pragmatische Politik zu sein, um die Bürger zu schützen und zu versorgen. Es täte unserer Politik deshalb auch gut, wenn man nicht jede Frage so moralisch überhöhen würde, wie wir das zum Teil tun. Vertreter anderer Meinung stellen wir gleich in die Ecke, auch das führt zur Wahrnehmung einer Aggression in der Gesellschaft, wie wir sie auch schon bei Corona erlebt hatten, in der viele den Zusammenbruch sozialer Beziehungen nicht verkraftet haben.

Wir müssen in unseren Debatten zu einer Kultur kommen, die auch die andere Meinung zulässt, und wenn jemand bei Krieg und Frieden sagt, er setze mehr auf Diplomatie und wolle nicht immer weiter Waffen liefern, dann ist das kein Putin-Troll oder ein anderweitig Irregeleiteter, denn die Frage von Krieg und Frieden war immer umstritten. Immer gab es Menschen, die als Pazifisten im Kriegsfall kein Gewehr in die Hand nehmen wollten, auch davor muss man Respekt haben, selbst dann, wenn man zu anderen Entscheidungen kommt.

Dieser Respekt ist auch deshalb so wichtig, damit nicht Populisten diese Themen für sich ausschlachten, und das taten und tun sie: bei Corona, bei Krieg und Frieden, beim Klima. Die Populisten verkürzen die Sachverhalte, behaupten die Existenz einfacher Lösungen, stellen Andersdenkende unter Korruptionsverdacht und bringen so die Menschen gegeneinander auf. Ein junges Beispiel: Als Friedrich Merz zugesagt hat, dass Deutschland nach einem Kriegsende bei der Friedenssicherung der Ukraine helfen könne, plakatierte die AfD: Friedrich Merz schickt Deine Kinder in den Krieg. So kann man Menschen verunsichern, damit kann man Hetze betreiben, die der Sache, um die es eigentlich geht, nicht mehr gerecht wird.

In der EU haben das die meisten Regierungen verstanden. Deshalb sollten wir in der Frage der Zukunft der EU zuversichtlich sein. Denn das Bild aus dem Weißen Haus hat gezeigt: ein einzelner europäischer Staatschef – egal ob der französische Präsident, der britische Premier oder der deutsche Bundeskanzler – ist allein zu schwach. Wir werden nur wahrgenommen, wenn wir als Europäer zusammenstehen. In unseren Krisen haben wir gelernt, dass das gelingen kann. Meist braucht es eine Krise, damit Europa selbst erkennt, dass man sich die gegenseitigen kleinen Streitigkeiten nicht mehr leisten kann.

Nun will ich ein wenig die Angst nehmen, dass die Zeit im Moment besonders schrecklich ist. Im August 1961, meinem Geburtsjahr, wähnte man sich nach dem Bau der Mauer auch knapp vor einem Weltkrieg. Die Menschen dachten: Das kann man doch nicht zulassen, dass eine Stadt einfach durch eine Mauer geteilt wird!

Ein Jahr später wollten die Russen auf Kuba sowjetische Raketen ansiedeln – nach einem Ultimatum des US-Präsidenten drehten die russischen Schiffe ab und Präsident Kennedy konnte verkünden, dass hier ein Weltkrieg verhindert worden war.

Bedrohlich war die Welt also immer, und oft konnten Krisen letztlich doch mit friedlichen Mitteln gelöst werden. Und deshalb können wir auch als Christen sagen: Ja, dazu haben wir unseren Anteil geleistet. Für die katholische Kirche erinnern wir uns alle an die Wahl von Johannes Paul II., als das Konklave ihn 1978 zum Papst wählt, einen Polen, nach 450 Jahren italienischem Anspruch auf den Papst-Thron. Wir hatten noch den Ost-West-Konflikt, den Warschauer Pakt, den Kommunismus und alle waren überrascht, dass jetzt ein Pole die Weltkirche leitet. Dieser Papst ist dann zum Pfingstfest 1979 nach Warschau gereist, drei Millionen Menschen versammelten sich dort und er sagt: Der Heilige Geist hat uns aufgefordert, Ihr sollt die Erde verändern, diese Erde! Und die Menschen schöpfen aus dieser Predigt und aus dieser Figur Mut. Wenige Monate später gibt es die Demonstrationen der Gewerkschaften rund um Lech Walesa, die alle das Zeichen des Papstes bei sich trugen und den Mut hatten, die Gesellschaft zu verändern. Dann gab es noch einmal einen Rückschlag, aber Michael Gorbatschow hat nachher in seinen Memoiren geschrieben: Ohne diesen Papst wäre wahrscheinlich der Kommunismus nicht in dieser Form in sich zusammengebrochen, weil überall die Menschen, in Polen beginnend, plötzlich Mut geschöpft haben.

Wir finden Vergleichbares bei der evangelischen Kirche und hatten es kaum wahrgenommen: 1988 schon gibt es Friedensgebete in den Kirchen. Es waren ja nicht mehr viele Christen da in der DDR. Von den 17 Millionen Menschen hatten zehn Millionen gar keine Religionszugehörigkeit mehr. Aber auch von ihnen waren viele dabei, als in Friedensgebeten in den Kirchen Kerzen angezündet wurden, man hat um Freiheit gebetet, auch um Meinungsfreiheit. Dann kamen plötzlich im richtigen Moment 1989 immer mehr dazu, in der Nikolaikirche in Leipzig begann es, und an jenem 7. Oktober marschierten dann 150 000 Menschen in einer friedlichen Demonstration durch Leipzig. Eine Woche später trat Honecker zurück und einen Monat später fiel die Mauer.

Das ist jetzt keine Kausalität, aber ohne den Mut der Menschen wäre wahrscheinlich die Mauer nicht gefallen. Menschen können selbst in Lagen, die einem hoffnungslos scheinen, etwas bewirken. Ich selbst habe immer gedacht: Die Mauer steht noch in 100 Jahren, wir werden es nicht mehr erleben, dass sie fällt. Und trotzdem fiel sie, weil Menschen Mut gefasst haben und sich für ihr Bekenntnis engagiert haben und auf die Straße gegangen sind.

Ich finde, wir sollten öfter auch davon erzählen, dass man mit einer starken Überzeugung auch Dinge verändern kann. Gerade in einer Welt wie heute, wo alles so fragil ist und keiner weiß, wo es hingeht, sind Menschen mit einer Grundüberzeugung von einer enormen Kraft, weil viele genau darauf setzen, dass sie Orientierung bekommen. Und wenn es die nicht gibt, dann füllen Populisten mit ihren verkürzten Themen genau diese Lücke.

Was heißt das nun für die Zuversicht, die sich ja auch in konkreter Politik äußern muss? Meistens ist eine große Persönlichkeit bereit, diesen Schritt zu gehen. Im Nahost-Konflikt war das Präsident Sadat, der nach dem Jom-Kippur-Krieg in die Knesset nach Jerusalem gereist ist und Frieden angeboten hat, den man dann in Camp David besiegelte. Seither gab es keinen Krieg und keinen Konflikt mehr zwischen Israel und Ägypten. Sadat wurde dafür ermordet von Muslimbrüdern in Ägypten. Und der sehr von Frieden geprägte israelische Ministerpräsident Jitzchak Rabin wurde ebenfalls ermordet von einem rechtsradikalen Israeli, den der Friedenswille dieses Ministerpräsidenten störte.

Es braucht also Mut. Genau deshalb brauchen wir Persönlichkeiten, die das voranbringen und ihr Vorgehen aus ihrem Wertehorizont heraus erklären. Bei Johannes Paul II. war es der unbedingte Friedenswille aus einer sozialen, von menschlicher Freiheit und Würde geprägten Überzeugung heraus. 100 Jahre nach der Enzyklika »Rerum Novarum«, die die soziale Frage für das 19. Jahrhundert beantwortet hat, schreibt Johannes Paul II. die Enzyklika »Centesimus Annus«. Darin hält er fest: 1989 war eine Niederlage des Kommunismus, aber kein Sieg des Kapitalismus, und er fordert: Wir brauchen eine Welt, deren Wertschöpfung auf menschlicher Arbeit beruht. Derivat-Systeme, undurchschaubare Zins-Systeme passen nicht zur Natur des Menschen. Hätte man auf ihn gehört, hätte es die Weltfinanzkrise nicht gegeben, die entstand, weil das Weltfinanzsystem so komplex und unkontrollierbar wurde, dass am Ende der Niedergang einer einzigen Bank beinahe das ganze Weltwirtschaftssystem in den Abgrund getrieben hätte, wenn nicht gemeinsam gehandelt worden wäre und die Staaten dann das System wieder in Ordnung gebracht hätten.

Man sieht daran, wie wichtig eine fest gefügte internationale Ordnung sein kann. Das war auch die Motivation derer, die die europäische Idee begründet haben. Wir müssen uns das kurz vergegenwärtigen: Gerade waren 60 Millionen Menschen im Zweiten Weltkrieg ums Leben gekommen. Jede Familie hatte mindestens einen oder mehrere Tote zu beklagen, entweder durch die Bombennächte oder durch den Krieg auf den Schlachtfeldern. Eine ganze Generation wird zum Täter und hat schreckliche Dinge erlebt, über die mancher nachher nie wieder in seinem Leben gesprochen hat. Auf der anderen Seite bei unseren Nachbarn in Frankreich das Gleiche. Und nach den 60 Millionen Toten und auch den sechs Millionen ermordeten Juden hätte doch jeder verstehen können, wenn man gesagt hätte: Mit diesen Deutschen reden wir die nächsten 20 Jahre nicht mehr.

Aber Frankreichs Außenminister Robert Schuman sagt am 19. Mai 1950 – fünf Jahre nach dem Krieg: Wir reichen den Deutschen die Hand, wir wollen keine Reparationen, wir wollen es nicht so halten wie nach dem Ersten Weltkrieg. Künftig gestalten wir vieles zusammen und beginnen mit Kohle und Stahl, der Montanunion. Nicht mehr allein Frankreich entscheidet, nicht mehr allein Deutschland. Das tun wir nur noch gemeinsam für eine europäische Zukunft. Das war ein riesiger Schritt, der 80 Jahre Frieden in Europa möglich gemacht hat. Deshalb ist solches Innehalten wichtig, das es einem Gegner wieder ermöglicht, neu miteinander zu beginnen.

1990 noch dachten wir alle: Jetzt beginnt eine friedliche Welt, was soll denn jetzt noch passieren? Wir haben das schöne Wort geprägt von der »Friedensdividende«, also haben wir die Bundeswehr abgerüstet, wir dachten, wir bräuchten keine Wehrpflicht mehr, wir brauchen keine Soldaten mehr und all die Milliarden, die wir sparen, die schicken wir in die Dritte Welt oder in Bildungsprojekte.

Jetzt tun wir wieder genau das Gegenteil: Es läuft eine gigantische Aufrüstung in den nächsten Jahren, weil sich die Lage so verändert hat. Deshalb ist das Zusammenwirken derer, die an einer werteorientierten Ordnung und am internationalen Recht festhalten wollen, so wichtig. Deshalb ist auch mein Glaube daran, dass Europa diese Bedrohung erkannt hat, sehr groß. Ich bin zuversichtlich, dass wir weitere Schritte gehen, um uns als Europäer vorzubereiten. Damit es nicht zu einem Krieg kommt, der auch Europa erfasst. Da ist jetzt viel Kleinarbeit nötig.

Weil die parlamentarischen Zahlenverhältnisse im Bund und in den Ländern manchmal unübersichtlich sind, so sollten wir Demokraten uns doch angewöhnen, über ein paar Prinzipien nicht mehr miteinander zu streiten, sondern zusammenzustehen. Diese Grundprinzipien sind die Geltung des Völkerrechts, das gemeinsame Europa, die Ablehnung nationalstaatlicher Egoismen. Das führt auch zu schweren Entscheidungen, etwa die Zunahme der Waffenproduktion. Das ist notwendig, aber begeistert bin ich davon nicht. Und wenn wir im Bundeshaushalt immer mehr ausgeben und 500 Milliarden Schulden machen, um wieder verteidigungsfähig zu sein, dann muss man das mitmachen, weil es nötig ist. Aber man kann nicht darüber begeistert sein, dass diese Ressourcen uns fehlen für die Armut in der Welt, für Not, für Bildungsrückstände, für Infrastruktur und so weiter.

Man muss auch mal aussprechen, dass einem das schwerfällt, und nicht so leichtfertig darüber hinwegreden, wie das manchmal passiert. Dass wir den Frieden wahren – ich bin zuversichtlich, dass uns das gelingen kann, und ich beziehe diese Hoffnung aus den vergangenen 75 Jahren. 1950 wusste das keiner, dass das gut geht. Wir haben die Krisen der 1960er Jahre überstanden, die Kuba-Krise, Ängste vor dem Atomkrieg in der Zeit der Nachrüstungsdebatten. Angst ist also nichts, was unserem Leben fern gewesen ist. Aber ich habe auch immer wieder erlebt, dass ein kleiner weiterer und manchmal mutiger Schritt es möglich machte, dass man wieder optimistisch in die Welt sehen konnte.

Manchmal lese ich: Wie kann man in die heutige Welt überhaupt noch Kinder setzen? So darf man nicht denken. Was sollen denn die Menschen 1940 gedacht haben und 1950? In diesen Krisen gab es immer wieder Menschen, die dann am Ende doch darauf vertraut haben, dass wir Menschen so stark sind, dass wir es zum Guten wenden können und dass wir auch einen Beitrag leisten können, dass die Welt unserer Kinder besser ist als unsere.

Das fällt heute schwerer zu sagen als vielleicht in der Generation meiner Eltern. Damals wurde alles von Jahr zu Jahr besser, die Chancen und der Wohlstand stiegen. Die Welt schien immer friedlicher zu werden bis hin zum Fall der Mauer. Ich bin seit wenigen Tagen Großvater – das ist etwas ganz Besonderes.

Die Neugeborenen von heute werden möglicherweise 100, sie könnten das Jahr 2125 erleben. Wird dann die Welt noch lebenswert sein? Die Voraussetzungen dafür werden heute durch uns gelegt – so, wie die europäische Friedensordnung durch unsere Eltern gelegt worden ist.

Deshalb bin ich der Überzeugung: Wir können aus unseren Werten heraus eine bessere Welt schaffen und ich finde, die christliche Botschaft ist eigentlich das Beste, was man der Welt anbieten kann. Wenn sich jeder daran halten würde, Nächstenliebe zu pflegen, Respekt vor dem anderen zu haben, die Würde des Menschen als Gottes Ebenbildlichkeit zu achten – dann hätten wir keine Kriege mehr. Dieses Angebot immer wieder auszusprechen, wertegeleitete Positionen vorzuleben, ohne die anderen zu belehren – das sollte auch die europäische Politik kennzeichnen. Nur mit Regulierung aus Brüssel, die manchmal nötig ist und manchmal überflüssig, lässt sich dieser Zusammenhalt nicht schaffen. Man muss schon wissen und formulieren, wofür man einsteht.

Wenn man an den schlimmsten Fall denkt, den im Moment die Ukraine erlebt, dass man das eigene Land verteidigen muss – ich weiß gar nicht, ob wir dazu in der Lage wären. Von unserer Mentalität her nicht. Und militärisch? Wären wir bereit, wenn plötzlich Teile Deutschlands angegriffen würden, dass 18-Jährige alles liegen lassen und in einen Krieg ziehen? Ich glaube nicht. Und deshalb muss man alles tun, dass es dazu nicht kommt. Und deshalb muss man das Gestalten der eigenen Dinge ernst nehmen, man muss denen widersprechen und entgegentreten, die nur populistische Sprüche machen und andere gegeneinander aufhetzen. Wir müssen an dieser Idee Europa festhalten, die den Nationalismus der Kriege überwunden hat und die heute unsere einzige Chance ist, in der Welt zu bestehen.

Ich habe nicht die Sorge, dass wir wieder Krieg führen gegen Frankreich. Aber ich habe die Sorge, dass wir so zerstritten sind, dass wir kein Faktor mehr sind und andere ihre Macht gegen uns nutzen – im schlimmsten Fall auch zum Krieg. Die Bedrohung kommt heute eher von außen, als dass wir selbst untereinander Krieg führen. Das war auch die Idee der Gründung der Europäischen Gemeinschaft für Kohle und Stahl, dass kein Krieg mehr möglich wird zwischen Deutschland und Frankreich. Das war auch noch das Denken von Helmut Kohl beim Euro mit dem Kalkül: Wer in einer Währung vereint ist, der wird nicht mehr gegeneinander Krieg führen. Das Ziel ist erreicht. Aber dass wir selbst als Europäer nicht mehr bedroht werden – das Ziel ist nicht erreicht und daran muss man arbeiten, das geht nur in europäischer Gemeinsamkeit, zu der wir Christen einen wichtigen Beitrag leisten können.

Mir macht es Mut, dass der neue Papst sich den Namen Leo XIV. gegeben hat. Er knüpft damit genau an diese Tradition der katholischen Soziallehrer an. Er ist immer noch eine Autorität in der Welt. Rund um diese Papstwahl haben wir erlebt, welche Relevanz diese Institution immer noch in der Welt hat, wenn quasi alle Staatsoberhäupter der Welt nach Rom reisen. Der Papst und mit ihm die katholische Kirche werden als wirkungsmächtig wahrgenommen. Wenn wir das nutzen – sowohl der Papst in Rom als auch wir in unserem Wirken hier vor Ort –, dann kann das die Welt besser machen. Das ist meine Hoffnung, aus der ich den Optimismus ziehe, dass auch die Generation unserer Enkel noch ein friedliches Europa erleben kann.

Michael Rutz

Die Zukunft, optimistisch gesehen

Warum Deutschland blühen wird

In dieser Zeit mutet der Titel »Die Zukunft, optimistisch gesehen« etwas weltfremd an. Man fragt sich: Hat der Autor denn nicht bemerkt, wie es um diese Welt steht? Hat er nichts mitbekommen

- von der Klimakrise,
- von der brachialen Neuordnung der globalen Machtverhältnisse,
- von den Gefahren für die Weltwirtschaft,
- von den Kriegen und Krisen unserer Zeit,
- vom schütteren Zustand der Europäischen Union, oder
- von der inneren Nervosität in Deutschland?

Tatsächlich sind die Gewissheiten verflogen, die wir nach 1989 empfanden. Als der Kommunismus am Ende war, da dachten wir, nun würden ewiger Friede und überall Demokratie anbrechen. Und wer das Ganze als Systemwettbewerb verstehen wollte, der konnte sagen: Die Idee des Westens hat gesiegt über alle Versuche, Völker mit totalitären Machtstrukturen unter Kontrolle zu halten.

Das Versprechen der Atlantic Charta

Es war ja auch ein großes Versprechen, das wir uns im sogenannten Westen gegeben hatten. Als der britische Premier Churchill und Amerikas Präsident Roosevelt 1941 die »Atlantic Charta« unterschrieben, wurde uns darin allen ein – ich zitiere – »Leben frei von Furcht und Not« in Aussicht gestellt, das Dokument versprach allen Völkern die Achtung der Menschenrechte, nationale Souveränität, fairen Handel und Abrüstung, und damit Frieden.

Darauf wurde die Nachkriegszeit im Westen aufgebaut. Seither hat die Praxis globaler Kooperation tatsächlich auch viel Segensreiches bewirkt:

- Der Anteil der Menschen, die weltweit Hunger leiden, konnte durch Wirtschaftswachstum in China, Indien und Teilen Lateinamerikas, durch den Ausbau sozialer Sicherungssysteme sowie durch internationale Ernährungshilfe von einem Drittel auf unter zehn Prozent drastisch reduziert werden.
- Die Zahl der Kinder mit Schulbildung ist hoch wie nie zuvor – die Einschulungsquote (einst bei 60 Prozent) hat die 90-Prozent-Marke überschritten.
- Die bedeutenden Durchbrüche in Medizin, bei künstlicher Intelligenz oder der Raumfahrt waren nur durch weltweite Zusammenarbeit möglich.
- Nur so gelang der bisher erfolgreiche Ausbau alternativer Energien mit Wind, Sonne und Wasser.
- Und noch nie war es so einfach, sich zu informieren, zu vernetzen und Einfluss zu nehmen – durch soziale Medien, NGOs, Start-ups oder politisches Engagement.
- Und schließlich: Unseren Frieden haben wir nur so lange genießen können, als sich alle an internationale Verträge gehalten haben.

Das Glück der EU-Gründung

Für uns Europäer hatte die Nachkriegsgeschichte ein besonderes Bonbon parat, nämlich: Die Gründung der Europäischen Union. Sie hat in ganz Europa gemeinsame Strukturen geschaffen, und so leben wir nicht mehr in starren nationalen Grenzen, sondern können uns im ganzen Kontinent frei bewegen, arbeiten und Handel treiben. Das hat dazu geführt, dass Europa auch das Ziel zahlloser Menschen aus aller Welt geworden ist, die den Verhältnissen ihrer Herkunftsländer entfliehen wollen.

Wenn es eines Beweises bedurft hätte, dass Handel ein friedenssicherndes Element ist, so hat ihn die Europäische Union seither in geschichtlich einzigartiger Weise geliefert.

Ende westlicher Strahlkraft?

Heute aber lesen wir immer wieder, dass das westliche System im globalen Maßstab gescheitert sei, weil es strukturell zu Konflikten, Machtkämpfen und Instabilität neige.

So entwirft der in China meistgelesene Philosoph *Zhao Tingyang* – und er gilt als Vordenker der chinesischen Weltpolitik – in seinem neuen Buch mit dem Titel »Alles unter dem Himmel«[1] eine alternative Weltordnung. Darin sollen, auf der Grundlage traditionellen chinesischen Denkens, Konflikte durch Integration, und nicht durch Konfrontation gelöst werden.

Er will das westlich geprägte Staatensystem ablösen, das auf dem Prinzip der nationalen Souveränität, Abgrenzung und Machtbalance basiert, also der Ordnung nach dem Westfälischen Frieden.

Chinas Starphilosoph hingegen plädiert für eine grenzenlose Ordnung, die auf moralischer Autorität, wechselseitiger Anerkennung und kultureller Inklusion aufbaut.

In dieser Ordnung gibt es einen »Weltmittelpunkt« – einen politischen Akteur oder eine Institution eben, die als moralisches Vorbild dient und durch legitime Autorität, nicht durch Zwang, zur Einigung beiträgt.

Es ist nicht schwer zu erraten, wem er diese »legitime Autorität« zuschreibt: China, das er in seinem Modell nicht als imperialistische Großmacht positioniert, sondern als möglichen Träger einer integrativen Vision, die aus einer eigenen Denktradition schöpft.

Beispiel: USA

Eine nüchterne Diagnose unserer Zeit macht tatsächlich überdeutlich, dass die Strahlkraft des Westens abgenommen hat, der chinesische Philosoph liegt da nicht ganz falsch. Selbst die Vereinigten Staaten von Amerika, bisher Leuchtturm freiheitlichen Denkens und multilateralen Handelns, werden unter unseren Augen gegenwärtig transformiert zu einem totalitären System.

Der amerikanische Präsident geht dabei nach dem Lehrbuch für Diktatoren vor: Zuerst unterwirft er sich die Medien. Er bedroht Anwaltskanzleien, die es wagen, auch nur irgendeinen Prozess gegen ihn oder seine Regierung anzustrengen. Er untergräbt die Gewaltenteilung, missbraucht die Behörden, er missachtet die Justiz und bringt die Universitäten auf seine ideologische Linie. Er fälscht die Fakten zu seinen politischen Gunsten. Wer nicht sofort gehorcht, wird von ihm verhöhnt und als »Feind Amerikas« beschimpft.

Das demokratische Europa, das den Vereinigten Staaten bisher eng verbunden war, wird da natürlicherweise zum Systemfeind. Trump ist, so hat es ein Autor der *ZEIT* beschrieben, »die Dekadenz-Gestalt des westlichen Geistes, eine finstere Leere, die heidnische Feier der Macht«.

Beispiel: Fehlgriffe des Westens

Zuvor schon waren Staaten des Westens der Atlantic Charta selbst in den Rücken gefallen, sie ließen politische Gegner umbringen, führten den Vietnam- oder später den Irakkrieg, schauten in Srebrenica weg.

Auch sonst wurde die Idee des friedlichen Miteinander und der freiheitlichen, sozialen Demokratie von uns selbst beschwert: Durch ökonomische Ungleichheiten, durch Finanzskandale, durch Steuerflüchtlinge, durch Kriege und Krisen.

Beispiel: Defizitäre Gestaltungskraft des Staates

Auch verfestigt sich der Eindruck, unseren staatlichen Organen sei die Kontrolle entglitten, die Steuerungsfähigkeit des Staates sei gestört. Trotz wuchernder Bürokratie verspüren die Menschen wachsende Unsicherheit, schwindende Gestaltungsmacht. Sie verlieren die Lust an demokratietypischen Kompromissen und beklagen mangelnde staatliche Entschlossenheit für notwendige Reformen.

Tatsächlich hatte uns schon die Corona-Pandemie die Schwächen des Staates als Risikomanager offengelegt. Zudem erleben wir jeden Tag, wie unser föderalistisches System Reformen und Entscheidungen verzögert oder gar blockiert.

Wir müssen erleiden, dass die Verrechtlichung einer jeden Entscheidung bei den Mitarbeitern der öffentlichen Verwaltung zu einer Absicherungsmentalität führt und ihnen jeden Mut nimmt, eine Sache rasch zu erledigen.

Nicht demokratisch legitimierte Institutionen, vor allem Umweltverbände und Bürgerinitiativen, mit den ihnen fatalerweise eingeräumten Verbandsklage-Befugnissen beeinträchtigen die staatliche Steuerungsfähigkeit weiter.

Das alles paart sich mit wachsenden Verlustängsten, denen rational schwer beizukommen ist. Sie bieten aber den idealen Nährboden für populistische Strömungen, die versprechen, den Menschen mit einfachen und oft rücksichtslosen Rezepten das zurückzugeben, was sie verloren zu haben glauben.

Die Nörgelei über die Demokratie greift um sich, autoritäre Gesellschaftsmodelle gewinnen an Attraktivität und/oder an Durchsetzungskraft. Immer mehr Menschen hoffen wieder auf ein vom Staat betreutes Leben, in dem ihnen die Verantwortung für sich selbst abgenommen wird. Die Unmündigkeit nimmt zu.

Nicht zu bändigender Freiheitswille: Sapere aude!

Aber ich bin überzeugt: Diese Unmündigkeit wird keinen Bestand haben. Denn dem Menschen wohnt ein nicht zu bändigender Freiheitswille inne. »Der Mensch ist frei geboren«, hat

Jean-Jaques Rousseau zur Mitte des 18. Jahrhunderts geschrieben, er sei zu natürlicher Freiheit angelegt und strebe unwillkürlich danach.

Dazu braucht es einen angstfreien, selbstverantwortlichen, aufgeklärten Geist. Immanuel Kant hat das in seiner schönen Definition so formuliert:

> *Aufklärung ist der Ausgang des Menschen aus seiner selbst verschuldeten Unmündigkeit.*
>
> *Unmündigkeit ist das Unvermögen, sich seines Verstandes ohne Leitung eines anderen zu bedienen.*
>
> *Selbstverschuldet ist diese Unmündigkeit, wenn die Ursache derselben nicht am Mangel des Verstandes, sondern der Entschließung und des Mutes liegt, sich seiner ohne Leitung eines anderen zu bedienen.*

Damit sind wir bei einem entscheidenden Punkt für die Gestaltung unserer Zukunft. Jede gute Entwicklung ist möglich, wir wissen, was zu tun wäre, wir haben die Instrumente dazu. Wir müssen nur mutig handeln.

Die großen Umbrüche der Weltgeschichte sind nicht einfach über uns hereingebrochen, sondern sehr häufig durch den Mut von Menschen veranlasst worden, insbesondere dann, wenn es um das Streben nach Freiheit ging.

Ich selbst bin in Oberfranken aufgewachsen, direkt an der damaligen Zonengrenze. Der Todesstreifen – und nichts anderes war diese Grenze mit ihren Selbstschussanlagen und Minenfeldern – war nur wenige Kilometer entfernt. Als junger Journalist gehörte es zu meinem Alltag, im Auftrag meiner Lokalzeitung an dieser Grenze entlangzufahren, mit der das kommunistische Regime der DDR die Bevölkerung gefangen gehalten hat. Und immer wieder waren es nicht Rehe oder Hasen, die eine Detonation auslösten, sondern Menschen. Viele von ihnen verloren dort ihr Leben nur deshalb, weil sie in die Freiheit wollten.

Diese Erinnerungen, diese Bilder des schwer gesicherten Gefängniszauns rund um die DDR sind unauslöschlich, sie haben mich von früh auf zu einem entschiedenen Verfechter der freiheitlichen Demokratie und des europäischen Gedankens gemacht.

Erfolgreiche Freiheitskämpfe

Der Herbst des Jahres 1989 mit dem Fall der Mauer war für mich deshalb in besonderer Weise bewegend. Die Menschen der DDR und in den anderen Ostblockstaaten hatten den Mut bewiesen, den Immanuel Kant einforderte: Selbst nachdenken, gemeinsam handeln, die Fesseln abstreifen. Den Machthabern zu sagen: Nicht ihr bestimmt über uns, wir sind das Volk! Es ist unsere Freiheit, wir wollen sie zurück.

Ereignisse wie diese können uns Mut machen, mutig zu sein. Und 1989 war ja nicht einzigartig: Denn dieses historische Ereignis steht in einer Reihe anderer Freiheitskämpfe der Geschichte:

- Für Freiheitsrechte, für politische Selbstbestimmung und gegen koloniale Unterdrückung kämpften die Menschen im Amerikanischen Unabhängigkeitskrieg 1776.
- Wenig später schrieb sich auch die Französische Revolution die Menschen- und Bürgerrechte auf die Fahne.

- Mitte des 19. Jahrhunderts schüttelte man in Europa, in den USA und in Südamerika die Sklaverei ab.
- Im 20. Jahrhundert erkämpfte sich eine Bewegung um Mahatma Gandhi die Unabhängigkeit Indiens.
- In den USA stand Martin Luther King gegen Rassentrennung und Diskriminierung auf.
- Und auch im »Arabischen Frühling« wollten die Menschen südlich des Mittelmeers ihren Anteil an der Freiheit erlangen.

Freiheit siegt – wenn wir wollen

Wir sehen also: Freiheit ist nicht wegzudenken, sie ist ein tief verankerter Wunsch, der Menschen immer wieder zum Handeln bewegt. Dieser Drang hin zur Freiheit wird auch in Zukunft immer wieder obsiegen. Das aber erledigt nicht irgendwer sonst für uns, nicht Regierungen, Organisationen oder Institutionen.

Nein, wir selbst müssen jeden Tag den Mut aufbringen, diese Freiheit zu verteidigen, im Gespräch in der Familie, mit Freunden, mit Kollegen, kurz: überall da, wo wir uns in sozialen Zusammenhängen befinden und wo der Zeitgeist geprägt wird.

Hannah Arendt hat eines ihrer Bücher genannt: »Vita activa oder Vom tätigen Leben«.[2] Ich finde das außerordentlich treffend, denn darum geht es: Sein Leben nicht passiv dahinzuleben, sondern sich einzubringen, sich mit anderen zusammenzutun, für Ideen einzutreten, frei zu denken und zu handeln.

Also: Fangen wir an. Denn wir haben viel zu verlieren, wenn das Experiment des Freien Westens schiefgehen sollte.

Wertvolle Aktiva

Oder, um es positiv zu formulieren: Wir haben uns selbst und all jenen, die nach Freiheit streben, sehr viel anzubieten, wertvolle Aktiva, auf die wir stolz sein und mit denen wir eine starke Zukunft gestalten können. Ich will einige davon nennen.

1. Die EU als Friedensprojekt

Da ist zuerst die Europäische Union. Sie ist das weltweit erfolgreichste Beispiel für freiwillige Zusammenarbeit souveräner Staaten. Alle ihre Mitglieder haben ihren Lebens- und Erfahrungsraum vergrößert, ohne einen einzigen Schuss abzugeben. Das unterscheidet uns fundamental von Großmächten der Vergangenheit und der Gegenwart mit ihrem hegemonialen Anspruch.

Einige erinnern sich – gerade in diesen Zeiten der russischen imperialistischen Gier nach Europa – gut an jene Verträge, mit denen Großmächte ihnen ihre Freiheit nahmen. Polen etwa vergisst nie den Hitler-Stalin-Pakt, mit dem Russland und Deutschland Polen und das Baltikum unter sich aufteilten. Ganz Mitteleuropa erinnert sich an die Potsdamer Konferenz, ziemlich genau heute vor 80 Jahren, als Europa von den Siegermächten zerschnitten wurde in zwei Zonen: dort Unfreiheit und Mangel, hier – im europäischen Westen – Freiheit und Wohlstand und Frieden.

Die Menschen in Deutschland und in Europa haben dieser EU-Friedensdividende der letzten 70 Jahren viel zu verdanken. Das freie Europa hat uns alle Chancen geboten, und alle Mitgliedsländer der Europäischen Union machen bis heute davon Gebrauch.

Gerade wegen der kriegerischen Auseinandersetzung zwischen Russland und der Ukraine übt dieses Freiheitsversprechen unverändert eine starke Anziehungskraft auf die Nachbarstaaten der Region aus – auf Georgien etwa, auf die Republik Moldau, auf Montenegro und andere Staaten des Balkan. Sie wollen nicht in russische Knechtschaft zurückfallen, sondern freie Menschen bleiben.

Kein Land hat – nach den Wohlstands- und Friedenserfolgen der Europäischen Union und besonders nach den Erfahrungen der Engländer und im Angesicht der russischen Aggression gegen die Ukraine – einen Austritt im Sinn.

Und selbst russische Oligarchen und Wohlstandsbürger kämen nicht auf die Idee, sich ein Feriendomizil in China oder Nordkorea einzurichten. Vielmehr streben auch sie in die Freiheit des Westens, sie haben eine Wohnung in Berlin-Charlottenburg, ihre Villen und Yachten liegen an der Cote d'Azur oder an den Küsten des Mittelmeers.

Wenn sie Kinder haben, dann möchten sie sie ausgebildet sehen im Westen – in England, in Deutschland, in Amerika, denn sie alle wollen, dass es ihren Kindern einmal freier und besser geht als ihnen selbst im gegenwärtigen Russland, in dem jeden Tag die Macht das Recht bricht.

2. Das Wertefundament

Unsere Attraktivität hat auch mit dem christlich fundierten Menschenbild zu tun, das unserer Gesellschaftsordnung zugrunde liegt. Denn die Europäische Union ist nicht nur ein Garant von freiem Handel und friedlicher Koexistenz. Sie entwickelt durch ihr Wertefundament eine unwiderstehliche Anziehungskraft – ein zweites großes Aktivum.

In unserem täglichen Diskurs ist dieses so genannte »Wertefundament« der Europäischen Union zu einem stumpfen Stein geworden. Erst die Vorstellung vom Verlust dieser Werte schleift diese Werte zu funkelnden Brillanten.

Ein Blick in die Europäische Grundrechtecharta zeigt uns, was auf dem Spiel steht, und man muss es ab und zu aussprechen und für sich prüfen: Was wäre, wenn es das bei uns und in unseren Nachbarländern nicht mehr gäbe?

Zum Beispiel: den Respekt vor der Würde des Menschen, also

- vor der Unantastbarkeit des Lebens,
- vor dem Recht auf Leben und seiner Unversehrtheit,
- vor dem Verbot von Folter, Sklaverei und Zwangsarbeit.

Und wenn es um die Freiheit geht, dann geht es um viel, nämlich beispielsweise

- um die Gedanken-, die Gewissens- und die Religionsfreiheit,
- um Meinungs- und Informationsfreiheit,
- um die Freiheit, Ehe und Familie zu begründen,
- um die Versammlungs- und Vereinigungsfreiheit,
- um die Freiheit von Kunst und Wissenschaft,
- um das Recht auf und die Freiheit zu Bildung,
- um unternehmerische Freiheit,
- um die Niederlassungsfreiheit,
- um das Eigentumsrecht.

Ähnlich könnte ich die Begriffe Gleichheit, Solidarität, Bürgerrechte und die justiziellen Rechte durchdeklinieren, die in der Grundrechtecharta niedergelegt sind.

Und schließlich haben wir in Europa einen gemeinsamen Rahmen geschaffen für die kulturelle Vielfalt, auf die jede Nation stolz ist. Nirgendwo sonst in der Welt findet man einen Länderverbund, der dieses Prinzip »Einheit in Vielfalt« in ähnlicher Weise realisiert hätte.

3. Europas Chancen

Ein dritter positiver Punkt: Die Europäische Union ist in der Realität angekommen. Ihre Mitgliedsländer haben – das kann man nun jeden Tag lesen – begriffen, dass die geschichtliche Periode einer innerhalb des euro-atlantischen Kulturkreises subventionierten Existenz vorbei ist.

Denn:

- Europäische Handelsüberschüsse werden nicht mehr geduldet,
- die schützende Macht des US-Militärs, die zu Europas langer Friedensdividende beigetragen hat, wird schwächer,
- andere Mächte wachsen auf, vor uns liegt eine, wie der Soziologe Heinz Bude das formuliert hat, »multipolare Weltordnung, die sich der Dominanz des römischen Rechts, atlantischer Handelswege, deutscher Bildungsromane und US-amerikanischer Digitalherrschaft entwunden hat«.[3]

Wir sehen: Europa muss nun eigenständig handeln, wir brauchen eine strategische Autonomie – in Wirtschaft, Wissenschaft, Verteidigung, Energie und Diplomatie. Und es ist beruhigend zu sehen: Die Europäische Union hat sich auf den Weg dorthin gemacht.

4. Deutschland hat seine Identität gefunden.

Viertens stimmt mich optimistisch: Deutschland hat seine Identität gefunden.

Unser Land spielt in der Zukunftsgestaltung Europas gewiss die bedeutendste Rolle. Es ist das größte Land des freien Europas, und damit einher geht nicht etwa die Möglichkeit, unseren Nachbarn den Gang der Dinge vorzuschreiben, sondern die Verpflichtung, auf sie Rücksicht zu nehmen und das Ganze unserer europäischen Lebensgemeinschaft in einem stabilen, freundschaftlichen und demokratisch-freiheitlichen Zustand zu wahren.

Deutschland hat sich vom Feind seiner Nachbarn zu einer friedlichen und freundschaftlichen Mitte Europas entwickelt. Wenn wir an das kleindeutsche Bismarck-Reich denken, an die Weimarer Republik, an das Hitler-Deutschland: immer gab es Grenzkonflikte, Ausdehnungsgelüste, territoriale Unzufriedenheit.

Da ist es sehr erwähnenswert, dass die deutsche Lage seit den 1990er Jahren beruhigt und gelassen ist und die Frage Ernst Moritz Arndts, was des Deutschen Vaterland sei, heute klar und auf der Basis unbestrittener Verträge beantwortet werden kann, jedenfalls geografisch.

Das ist, bedenkt man die deutsche Geschichte, ein großer Posten in der Bilanz unseres zukunftsoptimistischen Ausblicks. Dieser Optimismus aber kennt noch andere Bilanzposten.

5. Deutschland verfügt über eine starke Demokratie.

Da ist etwa, fünftens, unsere starke Demokratie. Im Vergleich zu allen meist gescheiterten Gegenmodellen hat sie sich bis heute als die beste aller freiheitssichernden Gesellschaftsformen erwiesen. Und wenn es darauf ankam in den letzten 75 Jahren, hatte unser Grundgesetz immer Lösungen parat für die Bewahrung einer freiheitlichen und rechtsstaatlichen Ordnung.

Noch immer beziehen wir uns dabei auf ein Grundgesetz, das nach dem Zweiten Weltkrieg ab 1948 von klugen Menschen buchstäblich auf dem Schutthaufen der Zivilisation geschrieben wurde. Das bedurfte einer besonderen visionären Kraft und auch der mutigen Zuversicht, dass alles wieder gut werden könnte.

Es bedurfte auch der historischen Einsicht in die Ursachen des totalitären Faschismus zuvor, in die Gründe, wie das Deutschland der Weimarer Republik derart falsch abbiegen konnte.

Den Autoren des Grundgesetzes wird noch in den Ohren geklungen haben, wie nur 20 Jahre vorher Heinrich Goebbels über die Demokratie spottete, als er 1928 im *Völkischen Beobachter* schrieb, ich zitiere:

> *Wir gehen in den Reichstag hinein, um uns im Waffenarsenal der Demokratie mit deren eigenen Waffen zu versorgen. Wir werden Reichstagsabgeordnete, um die Weimarer Gesinnung mit ihrer eigenen Unterstützung lahmzulegen. Wenn die Demokratie so dumm ist, uns für diesen Bärendienst Freifahrkarten und Diäten zu geben, so ist das ihre eigene Sache. Uns ist jedes gesetzliche Mittel recht, den Zustand von heute zu revolutionieren. Wenn es uns gelingt, bei diesen Wahlen 60 oder 70 Agitatoren und Organisatoren unserer Partei in die verschiedenen Parlamente hineinzustecken, so wird der Staat selbst in Zukunft unseren Kampfapparat ausstatten und besolden. Eine Angelegenheit, die reizvoll und neckisch genug ist, sie einmal auszuprobieren [...]. Wir kommen nicht als*

Freunde, auch nicht als Neutrale. Wir kommen als Feinde! Wie der Wolf in die Schafherde einbricht, so kommen wir!

Zwölf Jahre später – im April 1940 – konnte Goebbels Bilanz ziehen. Ich zitiere wiederum den Originalton Goebbels:

Bis jetzt ist es uns gelungen, den Gegner über die eigentlichen Ziele Deutschlands im Unklaren zu lassen, genauso wie unsere innenpolitischen Gegner bis 1932 gar nicht gemerkt haben, wohin wir steuerten, dass der Schwur auf die Legalität nur ein Kunstgriff war ... Man hätte 1925 ein paar von uns in Haft nehmen können, und alles wäre aus und zu Ende gewesen. Nein, man hat uns durch die Gefahrenzone hindurchgelassen ... 1933 hätte ein französischer Ministerpräsident sagen müssen (und wäre ich französischer Ministerpräsident gewesen, ich hätte es gesagt): Der Mann ist Reichskanzler geworden, der das Buch »Mein Kampf« geschrieben hat, in dem das und das steht. Der Mann kann in unserer Nachbarschaft nicht geduldet werden. Entweder er verschwindet oder wir marschieren ... Man hat darauf verzichtet. Man hat uns gelassen, man hat uns durch die Risikozone ungehindert durchgehen lassen, und wir konnten alle gefährlichen Klippen umschiffen ...

Und wenn heute AfD-Politiker die Politik Adolf Hitlers loben, wenn sie politische Gegner – wörtlich – als »Volksverräter« und »Lumpenpack« denunzieren, wenn sie Ausländerhass schüren, wenn sie behaupten, Deutschland stehe – ich zitiere – unter der »Herrschaft einer offenbar ferngesteuerten, selbsthassenden und inkompetenten Politikerkaste«, und wenn Björn Höcke auf seinem Kyffhäuser-Treffen im Anklang an Goebbels sagt: »Heute, liebe Freunde, lautet die Frage nicht mehr: Hammer oder Amboss, heute lautet die Frage: Schaf oder Wolf. Und ich, nein wir entscheiden in dieser Lage: Wolf zu sein«, wenn Höcke davon redet, Gegner müsse man »ausschwitzen« – dann, meine Damen und Herren, ist es höchste Zeit, dass jeder von uns für unsere Verfassung und Demokratie aktiv eintritt, dass wir sie wehrhaft verteidigen.

An unserer Seite steht dabei das Grundgesetz, das gerade in seinen Formulierungen deutlich macht, dass Demokratie auch anstrengend sein kann und muss. Denn Demokratie kann Krisen nicht einfach wegbefehlen und unwillkommenen Meinungen den Mund verbieten.

Aber sie kann den Diskurs regeln und ordnen und Wege für den Konsens aufzeigen. »Demokratie kann mit Krisen umgehen, weil sie in Alternativen denken kann«, hat der Tübinger Historiker Ewald Frie das beschrieben.[4] Genau das ist ihre große Stärke.

Wehrhaft zu sein – das gilt für uns Bürger, das gilt aber auch für unsere Wirtschaft, die das Zerstörungspotenzial der AfD für unsere Volkswirtschaft und für den sozialen Frieden im Land erkannt hat und die heute gottlob nicht mehr in das »feine Schweigen« der Manager verfällt, mit dem diese seinerzeit Hitler den Weg zum Kriege erleichtert, ja ermöglicht haben.

Die Wirtschaftsführer heute haben ein demokratisches und rechtsstaatliches Rückgrat, sie äußern sich vernehmlich – wie etwa Christian Kullmann von Evonik das immer wieder tut, jenem Industriekonzern, der sich regelmäßig fördernd der gesellschaftspolitischen Debatte annimmt.

Außerdem lenken diese Manager heute Belegschaften, die in großen Unternehmen aus vielen Dutzenden Nationen kommen, in denen Internationalität gelebt wird und in denen Fremdenfeindlichkeit keinen Platz hat.

Das ist die Lehre: Ohne Migration keine erfolgreiche Wirtschaft, ohne Freiheit kein Handel, ohne Europa kein Frieden.

Denken wir also heute über unsere Stärken nach, dann sehen wir: Deutschland ist demokratisch gefestigt. Wenn diese Wertschätzung der Demokratie noch eines Beweises bedurft hätte, so haben ihn die Bundestagswahlen 2025 geliefert: Die Wahlbeteiligung lag bei 82,5 Prozent – das war die höchste Wahlbeteiligung seit der Wiedervereinigung 1990.

Notwendiges Element einer freiheitlichen Demokratie ist immer auch Meinungs- und Pressefreiheit. In Deutschland finden wir eine freie und immer noch vielfältige Medienlandschaft, die das ganze Meinungsspektrum anbietet. Diesen Umstand müssen wir verteidigen, der klare Satz des Artikel 5 unseres Grundgesetzes heißt: »Eine Zensur findet nicht statt«, er darf nicht angetastet werden.

Unsere Stärke sind auch diskursfreudige NGOs, Nichtregierungsorganisationen, ein reiches zivilgesellschaftliches Engagement und eine Kultur des öffentlichen Streits. Der geht jedem von uns oft auf die Nerven, aber die Alternative wären Maulkorb und Zensur, und damit nichts anderes als eine Sterbehilfe für die demokratische Auseinandersetzung.

6. Bildungs- und Wissenschaftssystem

Einen weiteren Schatz birgt – ein sechster Punkt – unser offenes Bildungs- und Wissenschaftssystem.

Wir können stolz sein auf die deutsche Forschungslandschaft, die mit Ihren Instituten und den Forschungsgemeinschaften zur Weltspitze zählt.

Noch immer ist es so, dass die Leistungen deutscher Ingenieure im Maschinenbau, der künstlichen Intelligenz, der Klimaforschung oder der Medizin von keinem anderen Land übertroffen werden.

Erst dieser Tage kündigten VW und Bosch an, bereits im kommenden Jahr selbstfahrende Autos serienreif zu haben – schneller als die amerikanische oder chinesische Konkurrenz. Zu lesen war auch vom großen Erfolg deutscher Start-ups in der künstlichen Intelligenz oder der Satellitenforschung.

Noch sind auch wir an der Weltspitze.

Aber Deutschland investiert nur einen Bruchteil der Summen, die konkurrierende Weltmächte mittlerweile in Bildung, Ausbildung, Forschung und Lehre stecken. Die USA, Kanada, die Schweiz, China, Singapur, Indien, die Arabischen Emirate rüsten ihre Wissensbranchen auf.

Angesichts dieses globalen Wettbewerbs brauchen die Hochschulen hierzulande mehr Geld, und sie brauchen auch dramatisch mehr Absolventen in den naturwissenschaftlichen Fächern. In China etwa verlassen jährlich 500 000 Ingenieure die Hochschulen – in Deutschland sind es 40 000. Bis 2029, also in den nächsten vier Jahren, sind in Deutschland aber 700 000 Ingenieursstellen nachzubesetzen, ein Defizit von mehr als 500 000 Stellen – das wird selbst mit Einwanderung qualifizierter Fachkräfte oder junger Studenten nicht zu beheben sein. Das illustriert den Handlungsbedarf und die Notwendigkeit europäischer Kooperationen, denn Wissenschaft ist eine geopolitische Großmacht.

Aber ziehen wir die Summe und vergleichen wir mit anderen Ländern, dann erkennen wir, dass das kostenlose öffentliche

Bildungsystem der Bundesrepublik ein internationaler Wettbewerbsvorteil sein kann. Es stellt eine überaus solide Grundlage dar für einen chancengleichen Zugang zu einem erfolgreichen Leben, sei es im Beruf oder der kulturellen Teilhabe.

7. Die deutsche Wirtschaft

Der europäische Friede, unsere Demokratie, die Menschenrechte, Bildung und Wissenschaft: Das sind die weichen Faktoren für das moderne Deutschland. Bei den harten Faktoren landen wir zuallererst bei der deutschen Wirtschaft, mein siebtes Aktivum.

Ihre Innovationskraft ist weltberühmt, und mögen die weltweiten Umbrüche noch so heftig sein, Deutschland wird als Kern der Europäischen Union eine der wichtigsten Volkswirtschaften der Welt bleiben.

Dabei gilt der Mittelstand aus gutem Grund als das Rückgrat der deutschen Wirtschaft. Die deutsche Wirtschaft hat zwar insgesamt dreieinhalb Millionen Unternehmen, aber:

- 90 Prozent davon haben weniger als zehn Beschäftigte.
- An der Nettowertschöpfung haben kleine und mittlere Unternehmen einen Anteil von 55 Prozent, sie erwirtschaften jeden zweiten Euro in Deutschland.
- Sie stellen 60 Prozent aller Arbeitsplätze im Land und mehr als 80 Prozent der Ausbildungsplätze.
- Sie sind ganz wesentlich an Forschung und Entwicklung für neue Produkte und Verfahren beteiligt.

Dieser Mittelstand ist in seiner Breite weltweit einzigartig, ein großes Aktivum, damit werden wir auch in den gegenwärtigen weltökonomischen Neujustierungen reaktionschnell und erfolgreich sein.

Denn auch das haben wir gesehen: Aus Wirtschaftskrisen ist die deutsche Volkswirtschaft meist stärker hervorgegangen, als sie hineinging:

- Die erste große Wirtschaftskrise der Nachkriegszeit – die Ölkrise in den 1970er Jahren – veranlasste deutsche Unternehmen, verstärkt in Energieeffizienz, Innovationen und neue Technologien zu investieren. Die industrielle Basis wurde differenzierter; die Automobilindustrie entwickelte sich technologisch weiter.
- Die Strukturkrisen der 1980er Jahre bei Stahl und Kohle beschleunigten den Wandel hin zur erfolgreichen Dienstleistungs- und Wissensgesellschaft.
- Nach der deutschen Wiedervereinigung 1990 war die Umwandlung der ostdeutschen Planwirtschaft eine volkswirtschaftliche Herausforderung historischen Ausmaßes. Mit massiven Transfers und Modernisierungsprogrammen entstanden neue Wachstumsräume mit großen Chancen, auch wenn wir an regionalen Ungleichgewichten noch arbeiten.
- Die Finanzkrise 2008 und 2009 markierte eine Zäsur, aus der Deutschland dank robuster industrieller Basis, Kurzarbeit und exportwirtschaftlicher Erholung schnell gestärkt hervorging. Das »deutsche Modell« galt zeitweise als Vorbild.
- In der Eurokrise nach 2010 trug Deutschland maßgeblich zur Stabilisierung der Eurozone bei. Die Wettbewerbsfähigkeit deutscher Produkte wurde durch Lohnzurückhaltung und hohe Produktivität unterstrichen.

Und so schlecht der Zoll-Deal mit den USA im Vergleich zu einer Welt des transatlantischen Freihandels auch scheinen mag: Auch diese Krise bedeutet nicht, dass Europa ökonomisch verloren und Trump gewonnen hat. Vielmehr war das Zolldiktat aus dem Weißen Haus der Startschuss für eine ökonomische Frischzellenkur in Deutschland, für neue technische Verfahren, für Rationalisierung, für neue Ideen und neue Produkte, für die Stärkung der internationalen Zusammenarbeit. Das hat vier Gründe:

Erstens zwingen die Zollschranken die deutschen Unternehmen, sich weitere Absatzmärkte und Lieferquellen zu suchen. Das ist zunächst unbequem und kann Umbrüche nach sich ziehen. Langfristig aber stärkt ein geografisch breit aufgestelltes Portfolio an Absatzmärkten die Widerstandskraft gegenüber politischen und wirtschaftlichen Schocks. Wir werden sehen: Die Freihandelsabkommen mit anderen Weltregionen wie etwa den Ländern Lateinamerikas oder mit Kanada werden nun rasch zum Abschluss gebracht.

Zweitens werden deutsche Unternehmen ihre Kosten senken und ihre Produktivität steigern, um ihre investitionsnotwendigen Gewinne zu wahren. Denn der Zoll, aber auch der abwertende Dollar werden sie zu Preiskonzessionen im Amerika-Geschäft zwingen.

Außenwirtschaftlich erzwungene Kostensenkungen sind für Deutschlands Unternehmen historisch gesehen allerdings nichts Neues. Schon in Zeiten der D-Mark, die gegenüber den meisten anderen Währungen über Jahrzehnte aufwertete, waren es die Unternehmen gewohnt, Kosten und Preise unter Kontrolle zu halten, um keine Marktanteile zu verlieren. So ist es auch jetzt.

Drittens erhöhen die Zölle der USA den Druck auf die Bundesregierung, endlich notwendige Reformen in Angriff zu nehmen, denn auf immer wachsende Steuereinnahmen kann man sich angesichts einer Volkswirtschaft im Umbruch nicht verlassen. Was getan werden muss, haben Ökonomen längst ausbuchstabiert: Angefangen bei einer durchgreifenden Reform der Sozialsysteme bis zu einer rationaleren Energiepolitik liegen die Rezepte auf dem Tisch. Jetzt ist es Zeit, sie umzusetzen.

Viertens ist der EU-Kommissionspräsidentin angesichts der »Eskalationsdominanz«[5] der USA wohl klar geworden, dass ihre Kommission die Wirtschaft nicht weiter mit Bürokratien wie den Lieferketten- oder Nachhaltigkeitsberichten malträtieren kann. Vielmehr ist es jetzt ihre Pflicht, die Dynamik der europäischen Wirtschaft und ihre Unabhängigkeit von importierten Technologien, Rohstoffen oder Energien zu stärken.

2010 lagen das Bruttoinlandsprodukt der USA und das der EU heutigen Zuschnitts noch gleichauf – mit je 15 Billionen Dollar. 2024 erwirtschafteten wir – wie auch China – 19 Billionen Dollar, die USA aber – mit viel weniger Einwohnern als die EU – 30 Billionen. Elf Billionen mehr. Damit ist die Aufgabe umschrieben.

8. Wiedererwachen des Staatsbürgers

Als Optimist glaube ich: Der Staatsbürger erwacht, an ihm scheitert es in Deutschland, jedenfalls mehrheitlich, nicht mehr. In den letzten Jahren ist auf uns Bürger vieles eingestürmt. Zuerst war da die Pandemie. Dann folgte Russlands Krieg gegen die Ukraine. Und schließlich der neuerliche Amtsantritt von Donald Trump, der die Welt seither mit einer disruptiven Politik überzieht.

Diese Ereignisse sind auch für uns selbst eine innere Zeitenwende. Wir hielten unsere Demokratie für eine bei uns ungefährdete Staatsform und mussten uns um die Betonung eines demokratischen Ethos nicht weiter kümmern. Auch hatten wir uns daran gewöhnt, einen konsumtiven Lebensstil zu pflegen und ihn durch eigene politische Passivität zu begleiten.

Dabei haben wir die Krisen kommen sehen:

- Seit 2014 spätestens, der Annexion der Krim, hätten wir aufrüsten müssen, um unsere eigene Sicherheit zu gewährleisten.
- Seit Jahrzehnten verfällt die Infrastruktur auf Straßen und Schienen.
- Die Sozialversicherungssysteme sind marode.
- Auch hätte man mit Anpassungsmaßnahmen an den Klimawandel längst beginnen müssen, statt die Hoffnung zu nähren, man könne ihn noch verhindern.

Die Apathie der Politik in den letzten zwei Jahrzehnten hat einen tiefgreifenden Vertrauensverlust in die Lösungskompetenz demokratischer politischer Prozesse bewirkt.

Aber offensichtlich – so sagen es die Demoskopen – haben gerade auch die jungen Bürger in Deutschland verstanden, dass die Zeiten des Zurücklehnens vorbei sind. Das Verhältnis zum Staat wird neu überdacht, jeder kann diese Nachdenklichkeit bei sich selbst feststellen. Es kommt einem die Forderung von John F. Kennedy wieder in den Sinn, der sagte: »Frage nicht, was der Staat für dich tun kann, sondern was du für den Staat tun kannst.«

Wir spüren, dass sich ein Gemeinwesen nicht von selbst verteidigt, sondern dass wir Bürger uns wieder einbringen müssen. Notwendig ist eine politisch aktive republikanische Haltung, um die Polykrisen der Gegenwart zu meistern. Denn alle unsere Freiheiten und Grundrechte sind nicht von sich aus stabil, sie werden oder bleiben es durch unsere fortgesetzte Zustimmung und dadurch, dass wir sie immer wieder verteidigen. Dass wir sofort widersprechen, wenn diese Grundrechte für uns oder jeden anderen in Abrede gestellt werden.

Ich bin deshalb überzeugt: Die Apokalypse bleibt aus. Gerade uns Christen ist es aufgegeben, einer apokalyptischen Stimmung mit Gelassenheit entgegenzutreten und für eine neue »Vertrauenskultur« zu werben. Der Bürger und seine Republik müssen wieder miteinander verwachsen.

Deshalb wird es sinnvollerweise auch zu einer allgemeinen Dienstpflicht kommen – ob zivil oder militärisch. So werden die Menschen als Bürger, als Teil der *Res Publica*, wieder aktiviert. Auch der Katastrophenschutz braucht regelmäßige Übungen, um eintretenden Krisen – die ja nicht immer militärischen Ursprungs sein müssen – die Bedrohlichkeit zu nehmen.

Republikanisches Selbstverständnis heißt dann auch, den Bürgern nicht nur mit Appellen zu kommen, sondern ihnen konkrete Mitgestaltungsmöglichkeiten einzuräumen, vor allem den jungen Menschen, über deren Zukunftschancen gegenwärtig oft hinwegentschieden wird.

In acht Punkten will ich zusammenfassen, was mich optimistisch stimmt, dass wir die Zukunft bewältigen:

1. Der Freiheitsgedanke ist unverwüstlich.
2. Es hat in der Politik ein bisher ungekannter Realismus Platz gegriffen, der die Dinge ganz nüchtern so sieht, wie sie sind.
3. Probleme werden seither nicht mehr nur beschrieben, sondern bearbeitet.

4. Die Staaten der Europäischen Union haben verstanden, dass sie auf sich allein gestellt sind. Das gilt für den Handel, vor allem aber auch für die Rüstungspolitik. Auf die USA ist allgemein kein Verlass mehr.
5. Das deutsche Volkswirtschaftsmodell ist (wie das seiner Nachbarn) auch diesmal in der Lage, sich den geänderten Bedingungen im Welthandel anzupassen.
6. Die Zeit des individuellen Liberalismus ist zu Ende. Gesellschaftliche Einbindung ist notwendig und wird gefordert, Gemeingüter treten in den Vordergrund. Das haben die Bürger verstanden.
7. Die Demokratie in Deutschland ist gefestigt, die Bürger schätzen sie und nehmen daran teil.
8. Wir haben alle den Mut, das Notwendige zu tun.

So sollten wir es halten. Denn – so hat unser alter Goethe gesagt:

> *Auch aus Steinen, die einem in den Weg gelegt werden, kann man Schönes bauen.*

Anmerkungen

1 Zhao Tingyang, *Alles Unter dem Himmel, Vergangenheit und Zukunft der Weltordnung*. Berlin: Suhrkamp, 2021.

2 Hannah Arendt, *Vita activa oder Vom tätigen Leben*, 1972, Nachdruck. München: Piper, 2020.

3 Heinz Bude, *Das Ende des Paradieses – wie Deutschland wieder handlungsfähig werden kann*. Hamburg, 2024, S. 14.

4 *ZEIT*-Gespräch mit Andreas Sentker.

5 BASF-CEO Markus Kamieth, Interview *Wirtschaftswoche* vom 8.8.25, S. 38 ff.

Otmar Wiestler

Wissenschaft für eine Neue Welt

Ein Plädoyer für Fortschrittsoptimismus

Zwölf Jahre *DomGedanken* haben Räume für wichtige Debatten geöffnet. Sie haben drängende Herausforderungen in den Blick genommen und Perspektiven aufgezeigt. Genau dieser offene Dialog, der schwierige Fragen nicht scheut und lösungsorientiert nach vorn blickt, ist in derart dynamischen Zeiten, wie wir sie gegenwärtig erleben, von besonderer Bedeutung.

Die Welt ist gerade in einem Maße in Bewegung, das uns über lange Zeit unvertraut war. Wir sehen uns großen geopolitischen Krisen gegenüber, Angriffen auf starke demokratische Systeme wie aktuell in den USA, zunehmenden Auswirkungen des Klimawandels oder enormen Herausforderungen für die Wirtschaft.

In dieser Situation sind Investitionen in Forschung, Entwicklung und Innovation von herausragender Bedeutung für die Sicherung einer nachhaltigen Zukunft. Gerne möchte ich diese Gelegenheit deshalb nutzen, um einen Blick auf die Zukunft des Wissenschafts- und Innovationsstandorts Deutschland zu werfen.

Dieser Blick gilt den Wegen, Herausforderungen und Chancen, die vor uns liegen. Er gilt aber auch den Rahmenbedingungen und Voraussetzungen, die wir gemeinsam schaffen müssen, um Deutschland als Forschungs- und Innovationsstandort zukunftsfest zu machen und uns als starken Akteur im internationalen Wettbewerb zu positionieren.

Die großen Herausforderungen

Wir erleben gegenwärtig eine hoch dynamische Phase mit größer werdenden Herausforderungen auf zahlreichen Feldern, angefangen vom rapide voranschreitenden Klimawandel mit seinen enormen Auswirkungen auf Mensch und Umwelt bis hin zu der Frage, wie wir uns wirksam gegen weltweit um sich greifende Pandemien wappnen, diese besser vorhersehen und bestenfalls verhindern können.

Bei Helmholtz nehmen wir diese Herausforderungen in sechs Forschungsbereichen in den Blick und arbeiten an tragfähigen Lösungen. Auf den Gebieten Energie, Erde und Umwelt, Gesundheit, Information, Luftfahrt, Raumfahrt und Verkehr sowie Materie betreiben wir an 18 großen Foschungszentren in ganz Deutschland internationale fachübergreifende Spitzenforschung. Um Antworten auf die großen Fragen unserer Zeit zu finden, setzen wir auf exzellente Köpfe, weltweit einzigartige Forschungsinfrastrukturen und fachübergreifende, langfristig angelegte Forschungsprogramme.

Die Herausforderungen sind dabei so divers und umfangreich wie die Forschungsbereiche selbst.

Im Bereich der Erd- und Umweltforschung etwa besteht eine zentrale Aufgabe in der Entwicklung neuer leistungsfähiger Klimamodelle, mit denen wir das Ausmaß und die Folgen des Klimawandels besser verstehen und aktiv angehen können. Welchen

Einfluss hat der Mensch auf das Klima? Was sind die Ursachen für natürliche Klimaveränderungen?

Antworten auf diese und ähnliche Fragen liefern Klimamodelle, die mithilfe mathematischer Berechnungen und auf Grundlage einer Vielzahl verschiedenster Umwelt- und Klimadaten eine Klima-Simulation mit verschiedenen Szenarien ermöglichen. Je präziser und leistungsfähiger die Modelle sind, desto eher sind wir in die Lage, Anzeichen für Umweltkatastrophen wie Stürme, Fluten oder Dürren frühzeitig zu erkennen und rechtzeitig adäquate Gegenmaßnahmen einleiten zu können.

Um die immer größer werdenden Datenmengen verarbeiten und umfangreiche Klimamodelle rechnen zu können, ist eine enorme Rechenpower nötig. Diese Rechenkapazität in ausreichendem Maße zur Verfügung zu stellen, zählt zu den zentralen Aufgaben des Forschungsbereichs Information. Die Herausforderung liegt hier insbesondere darin, neue Dimensionen von High-Performance-Computing zu entwickeln – insbesondere im Bereich Super- und Exascale-Computing sowie längerfristig beim Quanten-Computing.

Die Weiterentwicklung dieser Hochleistungsrechner in Kombination mit neuen Ansätzen von Algorithmen und künstlicher Intelligenz ist forschungsbereichsübergreifend hochrelevant und versetzt Wissenschaftlerinnen und Wissenschaftler aller Disziplinen in die Lage, große Datenmengen in einer bislang ungeahnten Effizienz zu verarbeiten, auszuwerten und mit diesen zu rechnen.

Gleichzeitig gilt es, neue Generationen von Super- und Exascale-Computern so zu entwickeln, dass diese möglichst klimaschonend betrieben werden können. Dies betrifft auch den Aufbau großer Rechencluster, die nicht nur große Mengen an Strom und

Kühlwasser benötigen, sondern auch eine enorme Abwärme erzeugen. Hier braucht es neue Konzepte für die emissionsarme Erzeugung und Speicherung von Energie. Auch auf diesem Gebiet leisten wir bei Helmholtz Pionierarbeit.

Das Hauptziel ist es, den Übergang zu einem nachhaltigen globalen Energiesystem zu unterstützen und kosteneffiziente Wege für die Gewinnung und Speicherung sauberer Energie bereitzustellen. Neben anderen Energieträgern wird grüner Wasserstoff dabei eine Schlüsselrolle einnehmen. Er kann überschüssigen Strom aus regenerativen Quellen speichern, lässt sich relativ einfach transportieren und kann wieder in andere Energieformen wie Wärme und Strom umgewandelt werden. Außerdem erzeugt er bei der Nutzung keine Treibhausgase. Für das Energiesystem der Zukunft ist grüner Wasserstoff damit ein zentraler Baustein.

Für die so dringend notwendige Mobilitätswende bietet Wasserstoff ebenfalls eine ganze Reihe von Vorteilen gegenüber herkömmlichen Treibstoffen wie Benzin und Gas. Hier setzen auch unsere Expertinnen und Experten aus dem Forschungsbereich Luftfahrt, Raumfahrt und Verkehr an. Die große Frage lautet: Wie werden wir uns in 10 oder 20 Jahren fortbewegen? Und auch wenn wir noch ein ganzes Stück davon entfernt sind, in fliegenden Autos zur Arbeit zu kommen, machen wir in der Erforschung und Entwicklung neuer Mobilitätsansätze bereits große Fortschritte.

Etwa in der Frage, wie wir den Verkehr zu Lande, zu Wasser und in der Luft umweltfreundlicher und gleichzeitig sicherer und komfortabler gestalten können. Zentrale Herausforderungen auf dem Weg zum Mobilitätssystem der Zukunft liegen in der Weiterentwicklung autonomer und intelligenter Fahrsysteme, der Digitalisierung des Mobilitätssektors und der Entwicklung neuer Fahrzeugtechnologien.

Dabei kommt es immer wieder vor, dass Ansätze, die ursprünglich für einen bestimmten Zweck entwickelt wurden, in andere Anwendungsbereiche überführt werden. Ein Beispiel ist das Institut für Robotik und Mechatronik des Deutschen Zentrums für Luft- und Raumfahrt. Seit 2017 verfügt das Institut in Oberpfaffenhofen bei München über ein durch die Helmholtz-Gemeinschaft gefördertes Innovationslabor, in dem sehr erfolgreich daran gearbeitet wird, Technologien, die ursprünglich für die Raumfahrt entwickelt wurden, in Anwendungsbereiche auf der Erde zu überführen.

Ein eindrucksvoller Beleg für diesen Technologietransfer war die Entwicklung robotischer Assistenzsysteme für die Medizin – allen voran die Entwicklung des Medizinroboters MIRO. Mit MIRO ist es dem Innovationslabor gelungen, einen für medizinische Anwendungen optimierten Leichtbau-Roboterarm auf den Markt zu bringen, der vielseitig einsetzbar ist – unter anderem in der Bauchchirurgie und der neurochirurgischen Behandlung von Gehirntumoren.

Neben dem Transfer bestehender und der Entwicklung neuer Technologien liegt eine weitere große Herausforderung auf dem Weg zu einem Mobilitätssystem der Zukunft in der Erforschung und Optimierung von Materialstrukturen. Nur wenn es uns gelingt, Flugzeuge, Schiffe und Autos zukünftig leichter, aerodynamischer und widerstandsfähiger zu bauen, sind wir in der Lage, das Thema Nachhaltigkeit in der Mobilität ganzheitlich anzugehen. In diesem Bereich liefert unser Forschungsbereich Materie wichtige Erkenntnisse in der Grundlagenforschung.

Mit Hilfe von Röntgenlasern oder Synchroton-Beschleunigern wie dem European XFEL in Schenefeld, PETRA III am DESY in Hamburg oder BESSY II am HZB in Berlin können wir Aussagen über die molekulare Struktur von Materialien treffen, die es uns auch ermöglichen, diese zu verbessern. So kann beispielsweise die laser-induzierte Plasmaspektroskopie zur Materialanalyse eingesetzt werden, um die chemische Zusammensetzung und die strukturelle Ordnung von Materialien zu erforschen. Das ist ein wichtiger Baustein in der Entwicklung neuer Materialien.

Dabei sind die einzelnen Forschungsbereiche bei Helmholtz an vielen Stellen eng verzahnt und der Fortschritt erfolgt oft an der Schnittstelle zwischen verschiedenen Themenfeldern.

Hightech-Agenda: Sechs Schlüsseltechnologien

Für ein Land wie Deutschland ist Fortschritt auf diesen zentralen Feldern absolut entscheidend. Unsere wirtschaftliche Leistungsfähigkeit und der damit verbundene Wohlstand hängen maßgeblich von unserer Innovationskraft ab. Die Forschung ist hier der wichtigste Motor und leistet mit immer neuen Ideen, kreativen Impulsen und bahnbrechenden Entdeckungen einen enormen Beitrag dazu, das Innovationspotenzial zu heben und echte Lösungen für die großen Herausforderungen unserer Zeit bereitzustellen.

Vor diesem Hintergrund lohnt ein Blick auf die neue Hightech-Agenda der Bundesregierung, die Ende Juli 2025 verabschiedet wurde. Ziel dieser Agenda ist es, die Innovations- und Wirtschaftskraft Deutschlands durch gezielte Investitionen in sechs Schlüsseltechnologien zu erhöhen.

Zu diesen Schlüsseltechnologien zählen:

- künstliche Intelligenz,
- Quantentechnologien,

- Mikroelektronik,
- Biotechnologie,
- Fusion und
- Klimaneutralität in Energieerzeugung und Mobilität.

Damit sind Felder adressiert, in denen sich unsere großen gesellschaftlichen Herausforderungen bündeln – und die Helmholtz in seinen sechs Forschungsbereichen intensiv bearbeitet.

Die Hightech-Agenda bietet eine echte Chance, hier Geschwindigkeit aufzunehmen und Deutschland als Wissenschafts- und Innovationsstandort international wettbewerbsfähiger aufzustellen. Worum geht es konkret? Warum sind gerade diese sechs Bereiche so kritisch für unsere Zukunft – und welchen Beitrag leisten Forschung und Entwicklung? Um diese Fragen zu beantworten, lohnt sich ein vertiefter Blick auf die einzelnen Sektoren.

Künstliche Intelligenz: Chancen und Herausforderungen

Eine besondere Rolle nimmt das hochdynamische Feld der Künstlichen Intelligenz ein. KI wirkt in alle Lebens- und Forschungsbereiche hinein und birgt ein enormes Potenzial für Transformation und Fortschritt. Sie hilft uns, komplexe Muster in Daten zu erkennen, Vorhersagen zu verbessern und Entwicklungszyklen zu verkürzen.

Für die Klimaforschung heißt das: höher aufgelöste, robustere Szenarien und bessere Extremwetter-Prognosen. Die Materialforschung profitiert von deutlich schnelleren Screening-Verfahren, die beispielsweise bei der Optimierung von Batteriematerialien eingesetzt werden.

Und in der Medizin ermöglichen KI-gestützte Verfahren praktisch für alle Krankheitsbilder präzisere Bildanalysen und bessere personalisierte Behandlungen – beispielsweise durch die Integration von genetischen sowie Bild-Informationen und individuellen Krankheitsverläufen. Auch eine effizientere Frühdiagnose und Prävention häufiger Krankheiten wird jetzt möglich.

Um herausragende Synergiepotenziale für alle Forschungsbereiche zu schaffen, müssen wir Technik, Know-how, Daten und Köpfe optimal miteinander verzahnen. Deshalb bauen die Helmholtz-Aktivitäten in diesem Bereich auf einer einzigartigen Kombination aus Fachwissen, reichhaltigen Datenquellen, Talenten und Rechenleistung auf.

Das volle Potenzial von KI können wir nur entfalten, wenn die Forschung die immer größer werdenden Datenmengen auch auswerten und nutzbar machen kann. Die Helmholtz-Gemeinschaft leistet auf diesem Gebiet europaweit Pionierarbeit. Mit der *Helmholtz Foundation Model Initiative* haben wir im vergangenen Jahr eine zukunftsweisende Initiative zur Nutzung enorm großer Datenmengen auf den Weg gebracht.

Durch das Training von domänenspezifischen KI-Grundlagenmodellen, den sogenannten »Foundation-Modellen«, werden wir künftig in der Lage sein, umfangreiche Datensätze in allen Forschungsbereichen schneller und effizienter zu analysieren und etwa Vorhersagemodelle grundlegend zu präzisieren.

Für das Training dieser Modelle sind enorme Datenmengen nötig, die wir nur mithilfe modernster Hochleistungsrechner verarbeiten können. An unserem Forschungszentrum in Jülich haben wir im September 2025 JUPITER eingeweiht – den ersten Exascale-Computer Europas. Als schnellster Supercomputer des Kontinents wird er erstmals die Grenze von einer Trillion Rechenoperationen pro Sekunde überschreiten und eine völlig neue Dimension der Rechenleistung eröffnen. JUPITER ist damit eine ideale Ergänzung für unser Helmholtz-Portfolio an hochleistungsfähiger Recheninfrastruktur, die die Basis für KI-basierte Spitzenforschung in Deutschland legt.

Diese kritische Infrastruktur wird erheblich auf die Ziele der Hightech-Agenda einzahlen. Sie wird zahlreichen nationalen und internationalen Partnern aus Wissenschaft und Wirtschaft zugänglich sein.

Bei allen Chancen stellt uns KI aber auch vor enorme Herausforderungen: Wie schaffen wir eine solide und umfassende Datenbasis in allen relevanten Bereichen? Wie gehen wir mit dem Thema Datenschutz um? Welche Standards benötigen wir, um das Wechselspiel von Forschungsdaten und KI-Systemen zu gewährleisten?

Diese und viele weitere Fragen gilt es sorgfältig abzuwägen und zugleich pragmatische Lösungen für den Einsatz künstlicher Intelligenz zu entwickeln. Denn klar ist auch: Deutschland steht hier im Wettbewerb mit großen Playern wie den USA, China oder Israel, die massiv in die Entwicklung und Realisierung von KI-Systemen investieren und aktuell einen deutlichen Vorsprung haben.

Wenn Europa und Deutschland hier wettbewerbsfähig werden wollen, dann haben wir drei Notwendigkeiten:

- Erstens massive Investitionen in Forschung und Entwicklung sowie in Daten- und Recheninfrastruktur.
- Zweitens weniger Bürokratie und mehr Freiraum für Innovation und für die Nutzung von Daten.

- Und drittens – und dieser Punkt ist besonders kritisch – die klügsten Köpfe mit den innovativsten Ideen. Denn kreative Mitarbeitende sind unsere wichtigste Ressource im Streben nach Fortschritt und Entwicklung. Eine zentrale Aufgabe von Wissenschaft, Politik und Wirtschaft besteht also darin, internationale Nachwuchstalente nach Deutschland zu lotsen.

Quantencomputing

Das gilt ebenso für den zweiten Schlüsselbereich: das Feld der Quantentechnologien. Auch hier sind wir auf internationale Spitzenkräfte angewiesen – etwa um weitere Fortschritte im Quantencomputing, der Quantensensorik und der Quantenkommunikation zu erzielen. Sie eröffnen uns drei sehr konkrete Fortschrittspfade: sichere Kommunikation, präzisere Messungen und neue Rechenverfahren.

In der Quantenkommunikation geht es um abhör- und manipulationssichere Netze – ein Thema, das angesichts der geopolitischen Lage und der hohen Schutzbedarfe kritischer Infrastrukturen in Europa an Gewicht gewinnt. Die Quantensensorik macht Unsichtbares messbar: vom Grundwasserhaushalt über geothermische Strukturen bis hin zur zerstörungsfreien Materialprüfung in der Industrie oder empfindlichen Analysen im menschlichen Körper für die Medizin. Beim Quantencomputing arbeiten wir daran, Probleme anzugehen, an denen herkömmliche Rechner an physikalische Grenzen stoßen – etwa in der Molekül- und Materialsimulation oder bei der Analyse komplexer Systeme, zum Beispiel in der Medizin.

Für Deutschland ist in der Hightech-Agenda klar formuliert, wohin die Reise gehen soll: Bis 2030 sollen mindestens zwei fehlerkorrigierte Quantencomputer verfügbar sein – also Quantencomputer, die ihre eigenen Rechenfehler automatisch korrigieren und dadurch stabilere Ergebnisse liefern. Daran arbeiten wir als Helmholtz-Gemeinschaft gemeinsam mit starken Partnern aus Industrie und Universitäten – mit dem Ziel, Hardware, Algorithmen und Betrieb als belastbare Kette zusammenzuführen.

Ganz praktisch unterstützen wir dieses Zukunftsfeld mit einem Wettbewerb für neue Quantenanwendung (Quantum Use Challenge): Forschende und Anwender entwickeln hier gemeinsam konkrete Praxisbeispiele für Themen wie Energie, Klima oder Gesundheit und gehen gemeinsam in die Testphase – vom industriellen Optimierungsproblem bis zur Materialsimulation.

Wichtig ist dabei die Verzahnung mit dem, was wir bereits können: Quantenrechner werden schon heute in Hochleistungsrechenzentren eingebunden und in sogenannten Hybrid-Workflows mit klassischem Supercomputing und KI kombiniert. Das ist der Weg, wie aus Experimentierplattformen produktive Werkzeuge werden.

Natürlich liegt auch auf dem Feld der Quantentechnologien noch viel Arbeit vor uns: Etwa bei Fragen zur Skalierung und Fehlertoleranz im Computing, der Standardisierung und Netzintegration in der Kommunikation oder der Robustheit und Kalibrierung in der Sensorik. Aber mit anwendungsfreundlichen Testfeldern, offenen Schnittstellen und verlässlichen Partnerschaften können wir diese Hürden Schritt für Schritt nehmen – und die Quantenforschung gezielt in die Anwendung führen. Das Potenzial dieser Technologien ist enorm.

Mikroelektronik

Auch in der Mikroelektronik setzt die Hightech-Agenda klare Ziele: Deutschland soll durch den Aufbau eines nationalen Kompetenzzentrums für Chip-Design und diverse Begleitinitiativen zu einem europäischen Zentrum für Chip-Technologien werden. Dieses Ziel ist gleichermaßen ambitioniert wie wichtig: Ohne leistungsfähige Chips bleiben viele Versprechen von KI- und Quantentechnologien Theorie.

Sie finden sich fast überall: in Smartphones, Laptops und Autos, in Haushaltsgeräten und natürlich auch in Hochleistungsrechnern. Ohne Chips ist moderne Elektronik heute undenkbar. Zugleich wissen wir: Europa ist in diesem Feld noch zu abhängig von globalen Lieferketten und ausländischen Fertigungsstandorten. Es geht deshalb auch um Fragen der technologischen Souveränität und Resilienz – und darum, in Deutschland und Europa eigene Wertschöpfungsketten im Chip-Design aufzubauen: von der Grundlagenforschung bis zur industriellen Fertigung.

Um dieses Ziel zu erreichen, benötigen wir eine starke Grundlagenforschung, enge Partnerschaften zwischen Wissenschaft und Industrie, Talente und geeignete Rahmenbedingungen für den effizienten Transfer vom Labor in die Fertigung. Die Hightech-Agenda setzt dafür wichtige Signale.

Gemeinsam mit den Universitäten und unseren Partnern aus der Industrie bringt Helmholtz entscheidende Stärken ein: exzellente Material- und Prozessforschung, internationale Spitzenkräfte und hochspezialisierte Forschungsinfrastruktur – von Synchrotonquellen für die präzise Materialanalyse bis zu Reinräumen und Elektronenmikroskopen, mit denen neue Generationen energieeffizienter Bauteile entwickelt werden.

Wir arbeiten daran, Elektronik robuster und sparsamer zu machen – ob für sichere Fahrzeugsteuerungen, für die Energie- und Netztechnik oder für Rechenzentren, in denen künftig High-Performance-Computer und Quantenmodule zusammenfinden.

Biotechnologie

Von der Elektronik zur Medizin ist es oft nur ein kleiner Schritt: Was Mikroelektronik an Präzision und Effizienz ermöglicht, wird im Gesundheitswesen zur Grundlage für neue Diagnostik- und Therapiewege.

Die biomedizinische Forschung hat spektakuläre Fortschritte gemacht. In Zukunft wird es darum gehen, Möglichkeiten einer KI-basierten digitalen Medizin zu nutzen, eine präventive Vorsorgemedizin zu entwickeln sowie Therapien und Elektronenmikroskope, mit denen neue Generationen energieeffizienter Bauteile entwickelt werden.

Ein Vorbild ist das Nationale Centrum für Tumorerkrankungen (NCT) unter Leitung des Deutschen Krebsforschungszentrums in Heidelberg: Dort arbeiten eine weltweit führende akademische Krebsforschung aus dem DKFZ und Universitätskliniken an sechs Standorten in Deutschland eng zusammen, um Studien für neue Krebstherapien schneller starten zu können. Der frühe klinische »Proof of Concept« – also der Nachweis am Menschen, dass ein neuer Ansatz tatsächlich wirkt – entscheidet, ob vielversprechende Ideen wirklich den Weg vom Labor ans Patientenbett finden. Durch die enge Verzahnung von Forschung und Klinik verkürzen Translationszentren wie das NCT diesen Prozess enorm: oft von mehreren Jahren auf einige Monate.

Ähnliche Ansätze verfolgen die Deutschen Zentren der Gesundheitsforschung auf Themenfeldern wie Diabetes, Herz-Kreislauf-Erkrankungen, Infektionskrankheiten, Lungenleiden oder neurodegenerativen Erkrankungen.

Ein weiterer wichtiger Innovationsmotor auf dem Feld der Biotechnologie ist das Biomedical Engineering, d. h. eine Verbindung von Medizintechnik, Biotechnologie und KI. Diese fachübergreifende Disziplin bringt Lebenswissenschaften mit einem anwendungsorientierten Ingenieurwesen, Materialwissenschaften und KI-Ansätzen zusammen – mit dem Ziel, neue medizinische Geräte, Technologien und Verfahren zu entwickeln.

Weltweit leiden immer mehr Menschen an Volkskrankheiten wie Diabetes, Demenz oder Krebs. Gegen solche Erkrankungen entwickeln wir mit Biomedical Engineering vollkommen neuartige therapeutische Konzepte. Insbesondere die Früherkennung, aber auch die personalisierte Diagnostik und individuelle Therapieverfahren werden durch Biomedical Engineering revolutioniert – und arbeiten dann zielgenauer und effizienter:

Ein elegantes Hilfsmittel ist die Genschere CRISPR. Mit ihr lassen sich in Zellen einzelne Abschnitte des Erbguts (DNA) verändern. Das schafft völlig neue Möglichkeiten in der Behandlung erblich bedingter Krankheiten. Eine erste Therapie, welche die CRISPR-Technologie nutzt, wurde 2023 in der EU zugelassen. Sie zielt auf Patienten mit Sichelzellanämie – einer genetisch bedingten Blutkrankheit, die weltweit stark verbreitet ist und bislang als unheilbar galt.

Bei Helmholtz bündeln wir unsere Aktivitäten im Biomedical Engineering in einer eigenen Themenkampagne: Wir vernetzen Projekte, Talente und Partner, damit aus Erkenntnissen schneller klinische Evidenz wird und aus Pilotlösungen breite Anwendung. Die Hightech-Agenda gibt dafür Rückenwind; auch durch einen besseren Zugang zu Forschungsdaten und die Schaffung eines geeigneten Innovationsökosystems, das biotechnologische Ausgründungen und Start-ups gezielt unterstützt.

Klimaneutrale Energie und Mobilität

Richten wir den Blick zum Abschluss auf die letzten beiden Schlüsselbereiche: klimaneutrale Energie und Mobilität. Sie prägen unseren Alltag unmittelbar und greifen an vielen Stellen eng ineinander: Ohne verlässliche und saubere Energie wird Mobilität nicht klimaneutral, und ohne kluge und sparsame Mobilitätslösungen bleibt auch das innovativste Energiesystem letztlich ineffizient.

Für die klimaneutrale Energieerzeugung bilden Sonne, Wind, Geothermie und Bioenergie die Basis. Entscheidend ist aber nicht nur, wo die Energie herkommt, sondern wie sie organisiert ist. Immer wichtiger werden dezentrale Energiesysteme: also viele Erzeuger direkt vor Ort – vom Quartier mit Photovoltaik und Wärmepumpen bis zum Gewerbegebiet mit eigener Erzeugung und Speicherung. Das macht Regionen widerstandsfähiger, entlastet Netze und verkürzt Wege von der Produktion zum Verbrauch. Damit das funktioniert, ist die intelligente Vernetzung der verschiedenen Sektoren entscheidend: Strom, Wärme, Mobilität und Industrie müssen in einem ganzheitlichen Ansatz zusammengebracht werden, um ihren Nutzen zu maximieren.

Neben der Erzeugung stellt uns auch die Speicherung von Energie vor wesentliche Herausforderungen: Ziel muss es sein, Energie dann bereitzustellen, wenn sie gebraucht wird. Um den

Energiebedarf auch dann decken zu können, wenn wichtige Energiequellen wie Wind und Sonne gerade nicht in ausreichendem Maße zur Verfügung stehen, ist die Entwicklung moderner Speichertechnologien entscheidend. Für Stunden bis Tage reichen Batterien und Wärmespeicher, für längere Zeiträume bedarf es chemischer Speicher wie grünem Wasserstoff.

Alle Prozessschritte für ein modernes Energiesystem – von der Erzeugung bis zur Nutzung – erproben wir im Verbund. Etwa in Reallaboren wie dem Energy Lab am Karlsruher Institut für Technologie oder dem Living Energy Lab am Forschungszentrum Jülich, wo Erzeugung, Speicherung, Netze und Verbrauch unter realen Bedingungen zusammenspielen. Eine KI-basierte Systemsteuerung spielt dabei eine immer größere Rolle.

Fusionsenergie

Parallel arbeiten wir intensiv an der langfristigen Vision, die Fusionsenergie als Energiequelle der Zukunft zu erschließen. Unser Vorbild ist dabei die Sonne, die durch Kernfusionsreaktionen in ihrem Inneren gigantische Mengen an Energie freisetzt. Um die Kernfusion in Kraftwerken nutzbar zu machen, arbeiten unsere Expertinnen und Experten im Helmholtz-Programm »Fusion« eng mit internationalen Kooperationspartnern und mit der Wirtschaft zusammen. Unter anderem an der weltweit größten Experimentieranlage für Fusionsforschung, dem Wendelstein 7-X am Max-Planck-Institut für Plasmaforschung in Greifswald. Hier legen wir das wissenschaftliche und technologische Fundament für die Entwicklung eines Fusionskraftwerks. Gelingt das, entsteht perspektivisch eine klimaneutrale, grundlastfähige Ergänzung zu herkömmlichen Energiequellen wie Wind und Sonne.

Auch in der Mobilität geht es letztlich um die Frage, wie wir es schaffen, Zukunftstechnologien klimaneutral und zugleich sicher zu gestalten: Im Straßenverkehr, auf der Schiene, in der Luft und im Wasser. Die Hightech-Agenda nimmt hier drei wesentliche Bereiche in den Blick, die zielgerichtet weiterentwickelt werden sollen: Batterien, klimafreundliche Kraftstoffe und autonome Mobilitätssysteme.

Die wichtige Rolle der Forschung wird in Münster besonders deutlich: Hier haben sich das Forschungszentrum Jülich, die Westfälische Universität Münster und die RWTH Aachen zum Helmholtz-Institut Münster zusammengeschlossen, um unter der klugen Leitung von Prof. Martin Winter leistungsfähige und nachhaltige Batterien der nächsten Generation zu entwickeln. Die Erforschung neuer Batterietechnologien trägt unter anderem dazu bei, dass Elektrofahrzeuge schneller laden und größere Distanzen zurücklegen können. Das ist ein wichtiger Beitrag zum Gelingen der Mobilitätswende.

Wo direkte Elektrifizierung nicht ausreicht – beispielsweise in der Luft- und Schifffahrt – braucht es neue Wege. Eine mögliche Lösung liegt in synthetischen Kraftstoffen, den sogenannten E-Fuels. Sie werden aus grünem Wasserstoff und CO_2 hergestellt und setzen beim Einsatz in etwa so viel CO_2 frei, wie zuvor bei ihrer Herstellung gebunden wurde. Das macht sie zu einer CO_2-neutralen Alternative zu herkömmlichen Kraftstoffen und klassischer Elektromobilität.

Beispiele für innovative Anlagen zur Herstellung synthetischer Kraftstoffe sind der DLR-Standort Leuna sowie INERATEC, eine erfolgreiche Ausgründung des Karlsruher Instituts für Technologie, die Synthetic Fuels aus Biogas herstellt.

Im Sinne eines ganzheitlichen Mobilitätsansatzes gilt es neben innovativen Antriebstechnologien und der Entwicklung von alternativen Kraftstoffen auch die Bereiche Automatisierung und Vernetzung in den Blick nehmen.

Je besser wir die verschiedenen Teilsysteme der Mobilität miteinander verknüpfen, desto effizienter wird das Gesamtsystem. Ein wesentlicher Faktor ist hier die Weiterentwicklung autonomer Fahrsysteme. Sie können Unfälle reduzieren, Takt und Auslastung im ÖPNV sowie der Logistik verbessern und so neue Kapazitäten schaffen. Einige unserer Helmholtz-Zentren, darunter das Deutsche Zentrum für Luft- und Raumfahrt und das Karlsruher Institut für Technologie erproben diese Systeme im Verbund von Simulation und Reallaboren. Das Ziel ist dabei klar: Wir wollen Lösungen für den Alltag entwickeln.

Zukunft Raumfahrt

Ein weiterer wichtiger Mobilitätsbereich ist die Raumfahrt: Der Ausbau der Raumfahrtforschung ist ebenfalls Teil der Hightech-Agenda und wird vom BMFTR maßgeblich vorangetrieben. Das Deutsche Zentrum für Luft- und Raumfahrt arbeitet hier mit Nachdruck an neuen Trägertechnologien, Satellitensystemen und Anwendungen – von der sicheren Kommunikation über die Erdbeobachtung bis zur Navigation.

Raumfahrt ist längst nicht nur der »Blick ins All« – sie liefert Daten, Technologien und Impulse, die direkt in andere Themen wie Energie, Mobilität, Klima- und Sicherheitsforschung hineinwirken. Damit zeigt sich: Nur wenn wir die großen Schlüsseltechnologien zusammendenken, entsteht wirklicher Impakt für Wissenschaft, Wirtschaft und Gesellschaft.

Spitzenforschung als Chance

Wir haben viele Felder gestreift und gemeinsam einen Blick auf die großen Herausforderungen unserer Zeit geworfen. Ein Gebiet, welches hier nicht abgehandelt ist, jedoch ebenfalls enormer Anstrengungen bedarf, ist die militärische Sicherheitsforschung. Ich bin zutiefst davon überzeugt, dass in all diesen Herausforderungen auch enorme Chancen für Fortschritt und Entwicklung liegen.

Nun kommt es darauf an, diese Chancen zu nutzen. Entscheidend sind dafür aus meiner Sicht vier Maßnahmen:

- Erstens bedarf es eines engen Schulterschlusses zwischen Forschungseinrichtungen, Universitäten, Industrie und Politik – mit dem gemeinsamen Ziel, tragfähige Lösungen zu entwickeln.
- Ein kritischer Erfolgsfaktor für die Umsetzung ehrgeiziger Innovationsoffensiven ist zweitens der Aufbau regionaler Spitzencluster. Egal ob Batterie-Ökosysteme, Daten- und Computer-Hubs, Gesundheits- und Translationszentren oder Energie- und Mobilitätslabore: Exzellenz entsteht dort, wo sich Partner zusammenschließen und Kompetenzen bündeln. Solche regionalen Cluster ziehen Talente an und schaffen Sichtbarkeit – national wie international. Die Hightech-Agenda bietet hier wertvolle Anknüpfungspunkte und muss nun mit Leben gefüllt werden.
- Eine entscheidende Rolle spielen drittens internationale Talente und Spitzenkräfte. Spitzenforschung wird von kreativen Menschen geleistet. Wir konkurrieren weltweit um die klügsten Köpfe und müssen ihnen die bestmöglichen Bedingungen bieten. Wer zu uns kommt, soll auf ein einladendes Umfeld treffen: mit einer offenen Willkommens-

kultur, schnellen Visaverfahren, attraktiven Karrierewegen und zeitgemäßen Möglichkeiten zur Verbindung von Beruf und Familie.

- Viertens müssen wir den Transfer vom Labor in die Anwendung weiter stärken – durch den gezielten Aufbau von Reallaboren und starke Partnerschaften zwischen Forschung und Industrie. Aber auch durch die Schaffung eines innovationsfreundlichen Umfelds, das vielversprechende Start-ups und Ausgründungen fördert, junge Gründer und Gründerinnen umfassend unterstützt und bürokratische Hürden konsequent abbaut. Dafür benötigen wir neue Finanzierungsmodelle mit gemeinsamen Beteiligungen öffentlicher Förderer und privater Investoren, die das Risiko teilen, Geschwindigkeit erhöhen und bahnbrechende Entwicklungen ermöglichen. Der Forschungs- und Wirtschaftsstandort Deutschland profitiert hiervon enorm.

Wenn wir diese Aufgaben ernst nehmen, dann ist Fortschrittsoptimismus kein Wunschbild, sondern eine realistische Arbeitsgrundlage. Dann wird aus Forschung Wirkung, und dann werden aus den Herausforderungen von heute die Chancen von morgen.

Tiemo Kracht

Zurück zur offenen Gesellschaft

Die 10 Zukunftsregeln der Freiheit

»Die neun furchterregendsten Worte in der englischen Sprache sind: Ich bin von der Regierung, und ich bin hier, um zu helfen«[1], betonte US-Präsident Ronald Reagan auf einer Pressekonferenz und unterstrich damit seine Abneigung gegen gouvernementale Selbstherrlichkeit und Übergriffe. Er machte damit auf die Gefahr ausufernden Regierungshandelns aufmerksam, über das westliche Demokratien sich in einem Dickicht aus Regulierung, Mikromanagement und immer komplexeren staatlichen Steuerungsmechanismen verfangen.

Heute stehen die westlichen Gesellschaften in einem paradoxen Spannungsfeld: Sie sind so wohlhabend, technologisch leistungsfähig und kulturell plural wie nie zuvor – und dennoch durchzieht sie ein Gefühl der Müdigkeit und eine »Verwaltung des Status quo«, die politische Vitalität und Innovationskraft lähmt.

Dieses Spannungsfeld ist nicht neu. Bereits Alexis de Tocqueville warnte 1835 in seinem Werk »Über die Demokratie in Amerika« vor der Gefahr einer »sanften Tyrannei«, die nicht durch offene Unterdrückung, sondern durch fürsorgliche Überregulierung wirksam wird.[2] Was Tocqueville als prophetische Gefahr für die junge amerikanische Demokratie sah, droht heute in den entwickelten westlichen Staaten Realität zu werden: die schleichende Transformation einer offenen Gesellschaft in ein System wohlgemeinter Bevormundung, das Individuen zu Objekten staatlicher Fürsorge degradiert.

Die Debatte über Freiheit ist keine abstrakte oder nostalgische Angelegenheit, kein Rückgriff auf die »alten weißen Männer« der Aufklärung. Vielmehr handelt es sich um eine Zukunftsfrage von höchster Dringlichkeit. Denn die Fähigkeit einer Gesellschaft, ihre Probleme kreativ und selbstverantwortlich zu lösen, hängt untrennbar mit der Freiheit ihrer Bürger zusammen.

In der Umkehrung Kants ist diese Entwicklung der Eintritt des Menschen in eine selbstverschuldete Unmündigkeit. Sie entsteht nicht nur durch äußere Zensur oder Repression, sondern auch durch die freiwillige, schleichende Aufgabe der eigenen Urteilskraft, durch Bequemlichkeit und die Delegation von Verantwortung an »Vormünder«. Genau hierin liegt die Gefahr moderner westlicher Demokratien: Sie können ihre Bürger zu komfortabel Entmündigten machen, die zwar formell frei sind, aber faktisch keine Selbstbestimmung mehr ausüben.[3]

Der Philosoph Ortega y Gasset formulierte eine ähnliche Warnung: Die moderne Massengesellschaft neige dazu, den Staat als Allheilmittel zu betrachten und sich der Mühe eigener Gestaltung zu entziehen: »Der Massenmensch glaubt, alles sei schon getan, alles gegeben. Er ahnt nicht, dass das Wertvolle stets aufs Neue hervorgebracht, erobert, geschaffen werden muss.«[4] Dieser Satz ist in frappierender Weise auf die Gegenwart anwendbar: Gesellschaften, die in einem Geflecht von Sozialstaatsversprechen, Regulierung und staatlicher Mikropolitik verharren, verlieren die »Körperspannung«. Freiheit verkommt zu einer Passivkategorie – man »hat« sie noch, aber man »lebt« sie nicht.

I. Freiheit als Quelle von Mut, Zuversicht und Innovation

Freiheit ist nicht in erster Linie Abwehr, sondern Antriebskraft. Sie ist Ressource, die es Menschen erlaubt, Neues zu denken, Risiken einzugehen, Verantwortung zu übernehmen und selbstwirksam zu werden. John Stuart Mill unterstrich in diesem Kontext: »Der Wert eines Menschen steht im Verhältnis zu den Zielen, die er verfolgt.«[5] Nur offene, freiheitsorientierte Gesellschaften können langfristig innovativ und vital bleiben. Dies gilt auch kulturell. Der spanische Philosoph Miguel de Unamuno betonte, dass Freiheit immer auch die Zumutung der Unsicherheit und des existenziellen Risikos bedeutet: »Freiheit ist kein Zustand der Ruhe, sondern des ständigen Kampfes.«[6] Gerade in dieser Spannung liegt der Fortschritt: Freiheit zwingt Menschen und Gesellschaften, Verantwortung zu übernehmen, und verleiht ihnen dadurch Würde und Stärke.

Die westlichen Demokratien brauchen heute ein neues Narrativ der Freiheit, das sie von zwei Seiten abgrenzt: von der offenen Unterdrückung der Autokratien und von der schleichenden Entmündigung durch den eigenen Etatismus. Dieses Narrativ muss Mut und Zuversicht ausstrahlen – nicht die Verteidigung einer bedrohten Ordnung – Sozialstaat, Steuerstaat, Lenkungsstaat –, sondern den Aufbruch in eine selbstbewusste Zukunft. Freiheit ist kein Luxus, kein Zusatznutzen neben Sicherheit und Wohlstand. Sie ist das Fundament menschlicher

Existenz und das Medium jeder echten Gestaltungskraft – nicht als Willkür und als Auflösung jeglicher Autorität (Platon), sondern als Leitmotiv für das staatliche Regel- und Rahmenwerk.

II. Philosophische Grundlagen einer offenen Gesellschaft

Der englische Philosoph *Francis Bacon* gilt als Wegbereiter der modernen Wissenschaft und sieht Erkenntnis als Befreiung. Er forderte eine Abkehr von den scholastischen Autoritäten und eine Hinwendung zur empirischen Erfahrung. Für Bacon war Erkenntnis nicht bloß kontemplativ, sondern ein Werkzeug zur Befreiung des Menschen: »Denn Wissen selbst ist Macht.«[7] Wissen befreit, weil es den Menschen aus der Abhängigkeit von Aberglauben, Tradition und blinder Autorität herausführt – ein Vorgriff auf Kant. Bacons Programm zielt auf die Selbstermächtigung des Menschen durch Wissenschaft – ein zentraler Baustein für das moderne Freiheitsverständnis, das nicht nur politisch, sondern auch erkenntnistheoretisch fundiert ist. Freiheit bedeutet, sich nicht auf vorgegebene Deutungen zu verlassen, sondern die Welt aktiv zu erforschen und zu gestalten.

John Locke hat in dieser Gedankenlinie das Prinzip der natürlichen Rechte formuliert: Leben, Freiheit und Eigentum. Diese Rechte sind dem Menschen vorstaatlich gegeben, sie bilden den Maßstab, an dem staatliche Herrschaft gemessen werden muss: »Jeder Mensch besitzt Eigentum an der eigenen Person. Darüber hinaus hat niemand das Recht außer er selbst.«[8] Locke verknüpft die Freiheit mit Selbstverfügung und Eigentum. Der Staat darf insoweit Macht ausüben, als er diese Rechte schützt. Freiheit ist nicht gewährt, sondern vorgegeben. Ein Staat, der übermäßig reguliert und Eigentum durch ständige Eingriffe schwächt, überschreitet seine Legitimationsgrundlage. In diesem »Fahrwasser« befindet sich Deutschland durch eine zunehmende staatliche Übersteuerung und Überbesteuerung.[9]

Charles de Montesquieu formulierte die klassische Lehre der Gewaltenteilung. Seine zentrale Einsicht lautet: Macht darf nicht konzentriert werden, sondern muss sich gegenseitig begrenzen. Er hat die institutionellen Bedingungen der Freiheit präzise benannt. Freiheit ist nicht nur ein moralisches oder naturrechtliches Prinzip, sondern auch eine Frage der politischen Architektur. Montesquieu folgt damit auch Platon. Es geht nicht um die Auflösung von Autoritäten, um die Verwechslung von Freiheit und Willkür und um Demagogie zur Machterlangung, an deren Ende die Tyrannei steht. Nur wenn Legislative, Exekutive und Judikative sich wirksam kontrollieren, bleibt die Freiheit der Bürger gewahrt.[10] Im Kontext der heutigen Demokratien hat Montesquieu eine neue Bedeutung: Wo Regierungen immer komplexere Lenkungssysteme schaffen und Bürokratien expandieren, droht die Balance der Gewalten zu kippen. Nicht nur Unterdrückung, sondern auch Überlastung und Überformung können die Freiheit gefährden – eine subtile Form des Machtmissbrauchs, die Montesquieu zwar nicht vorhergesehen hat, aber deren Gefahr in seiner Logik enthalten ist.

In dieser ideengeschichtlichen Tradition gibt *Immanuel Kant* der Freiheitsdebatte eine moralische Tiefe. Er sieht die Unmündigkeit als »das Unvermögen, sich seines Verstandes ohne Leitung eines anderen zu bedienen [...]. Habe den Mut, dich deines eigenen Verstandes zu bedienen! Ist also der Wahlspruch der Aufklärung«[11]. Freiheit ist für Kant nicht nur Abwesenheit von Zwang, sondern innere Selbstbestimmung. Nur wer nach selbst gegebenen moralischen Gesetzen handelt, ist wahrhaft frei. Es geht hier um den entscheidenden Unterschied zwischen Freiheit und bloßer Bequemlichkeit. Kant warnt davor, Freiheit auf Konsum oder Passivität zu reduzieren. Genau hier liegt der Bezug zur Gegenwart: Eine Gesellschaft, die alles durch Staat und Bürokratie regeln lässt, riskiert die Rückkehr in Unmündigkeit – nicht erzwungen, sondern selbstverschuldet.

Während John Stuart Mill die liberale Rationalität des 19. Jahrhundert verkörpert, formulieren die *spanischen Essayisten* Freiheitsbegriffe, die stärker existenziell, kulturell und historisch verankert sind, aber nicht an Aktualität verloren haben. So mahnte *Juan Valera*, Diplomat und Essayist, wenn Freiheit kein kulturelles Fundament habe, drohe sie zur bloßen Modeerscheinung zu verkommen. »Der Liberalismus kann nicht wie eine Ware importiert werden; er muss in der Seele der Völker wachsen.«[12] Tatsächlich: Freiheit ist eine Frage der kulturellen Reife. Eine Gesellschaft ohne lebendige Öffentlichkeit, Sprache und kulturelle Resonanzräume wird die Freiheitsrechte formell besitzen, sie aber faktisch nicht leben. Freiheit muss innerlich errungen und ständig verteidigt werden. Sie ist ein Kampf gegen Dogma, gegen Konformismus und gegen den Wunsch nach Sicherheit.

Auch für *Ortega y Gasset* ist Freiheit keine abstrakte Option, sondern ein existenzieller Auftrag: Der Mensch muss sich ständig neu entwerfen, im Spannungsfeld seiner gesellschaftlichen Umstände. Damit kritisiert er implizit auch technokratische Politik, die glaubt, Freiheit ließe sich durch Planung und Verwaltung garantieren. »Ich bin ich und meine Umstände, und wenn ich diese nicht rette, rette ich mich nicht.«[13] Er warnt zudem vor einer Massengesellschaft, die den Staat als Allversorger betrachtet und ihre eigene Verantwortung verliert, denn eine solche Gesellschaft drohe, durch Konformismus, Egalitarismus und Paternalismus den Freiheitsraum des Einzelnen zu zerstören.

Die Synthese von angelsächsischer Rationalität und iberischer Existenzialität fördert Kerneinsichten zutage: Freiheit ist die Bedingung für gesellschaftliche Vitalität. Freiheit ist bedroht durch Intoleranz und Rückständigkeit, Freiheit braucht kulturelle Wurzeln, Freiheit ist tägliche Eroberung, nicht geschenktes Recht, Freiheit ist schöpferische Selbstüberwindung – gegen Konformismus und Etatismus.

Schöpferische Selbstüberwindung bedeutet heute auch transformationale Politik hin zu neuen politischen Gestaltungsideen, weiten Diskursräumen – nicht Cancel Culture und Wokeness – und Abkehr vom Mikromanagement im veralteten Bestand. Wenn der Staat jede Verantwortung übernimmt, wenn Regulierung jede Initiative erstickt und wenn Konformismus jede Abweichung bestraft, dann wird die Freiheit im ersten Schritt nicht abgeschafft, sondern zunächst verlernt, und gleitet in gesellschaftliche Tyrannei (Mill) ab. Wir geben uns der Bequemlichkeit des Massenmenschen hin (Ortega y Gasset).

Thomas Paine war wohl der leidenschaftlichste Pamphletist der Aufklärung. Er wurde zur Stimme der amerikanischen und der französischen Revolution. Seine Botschaft: Freiheit ist nicht ein Privileg, das der Staat gewährt, sondern ein universelles Menschenrecht. Er verbindet Naturrecht und politische Praxis in radikaler Weise. Jede Herrschaft, die nicht auf Zustimmung der Regierten beruht, ist illegitim. Er war ein Agitator der Freiheitsidee, die er in den Dienst revolutionärer Transformation stellte.

Er wirkt in der Gegenwart doppelt nach: Gegen Autokratien erinnert er daran, dass keine Herrschaft aus sich selbst heraus legitim ist. Gegen den westlichen Etatismus mahnt er, dass Bürger nicht weniger Rechte haben dürften, nur weil der Staat sie im Namen der Fürsorge stärker lenken will.[14]

Diese Gedanken setzen sich bei *Alexis de Tocqueville* als hellsichtigem Analytiker der Demokratie fort, in der er zwei gegensätzliche Dynamiken erkennt: einerseits die Kraft demokratischer Gleichheit und Teilhabe, andererseits die Gefahr, dass Gleichheit in Konformismus und Bevormundung umschlägt:

> *Über ihnen (den Bürgern) erhebt sich eine ungeheure Vormundschaftsgewalt, die allein für deren Genuss und Glück sorgt. Sie waltet über sie, wie ein Vater über seine Kinder – und will doch nichts anderes, als sie in dauernder Kindheit halten.*[15]

Moderne Demokratien, die jede Lebenslage mit Vorschriften, Subventionen und Programmen regulieren, laufen Gefahr, jene »dauernde Kindheit« zu erzeugen.

III. Ökonomische Grundlagen der offenen Gesellschaft

Adam Smith ist nicht nur als Begründer der Marktwirtschaft zu lesen, sondern sein Denken wurzelt in der Moralphilosophie. Schon in seinen frühen Schriften erklärt er, dass gesellschaftliches Zusammenleben auf Sympathie, Mitgefühl und moralischen Urteilen basiert.

> *So egoistisch der Mensch auch erscheinen mag, es gibt offensichtlich Prinzipien in seiner Natur, die ihn für das Schicksal anderer interessieren und deren Glück ihm notwendig machen, obgleich er daraus nichts anderes gewinnt, als das Vergnügen, es zu sehen.*[16]

Menschen handeln nicht nur aus Eigennutz, sondern auch aus moralischer Bezogenheit. Für Smith ist der Markt eine Arena, in der die individuellen Interessen in Einklang mit moralischen Rücksichten gebracht werden können – wenn die Regeln der Freiheit gewahrt bleiben.

Smith entwickelte das Prinzip der »unsichtbaren Hand«: »Indem er nur seinen eigenen Vorteil beabsichtigt, wird er – wie in vielen anderen Fällen – von einer unsichtbaren Hand dazu geführt, ein Ziel zu fördern, das nicht Teil seiner Absicht war.«[17] Individuelles Gewinnstreben, eingebettet in ein System freier Konkurrenz, führt unbeabsichtigt zu kollektivem Wohlstand. Damit ist die »unsichtbare Hand« kein metaphysisches Prinzip, sondern eine eingängige Metapher für die Selbstregulierung freier Märkte.

Die entscheidende Pointe lautet: Märkte funktionieren nur, wenn Menschen frei sind – frei darin, Verträge zu schließen, Innovationen zu wagen, Risiken einzugehen. Sobald der Staat durch übermäßige Regulierung, Zölle oder Monopole eingreift, erstickt er diese Dynamik. Smith kritisierte bereits im 18. Jahrhundert die Tendenz von Regierungen, durch »mercantilistische« Eingriffe die Wirtschaft zu dirigieren – wie wir sie aktuell seitens der amerikanischen Administration, aber auch in Europa erleben. Wohlstand aber ist nicht das Produkt staatlicher Planung, sondern der Freiheit individueller Initiative.

Thomas Malthus wurde zum Warner vor Überbevölkerung und Ressourcenknappheit, wie sie in der Gegenwart zu konstatieren ist. Seine zentrale These: Während die Bevölkerung exponentiell wächst, steigen die Nahrungsmittelressourcen nur arithmetisch. Seine Lösung lag nicht in der autoritären Kontrolle der Fortpflanzung, sondern in der Betonung moralischer Selbstdisziplin und Verantwortung. Freiheit setzt Grenzen voraus – nicht durch staatliche Allmacht, sondern durch individuelle Verantwortung.

Bezogen auf die heutige Zeit: Probleme wie Klimawandel, Ressourcenknappheit oder die Übernutzung des Sozialstaates lassen sich nicht durch Bürokratie lösen. Sie erfordern verantwortungsbewusste Bürger, die Freiheit mit Maß und Weitsicht leben.[18] Damit folgt er Platons Freiheitsverständnis: Echte Freiheit ist die Herrschaft der Vernunft in der Seele, die Orientierung am Guten, an Ordnung und Maß.

Malthus' Zeitgenosse *David Ricardo* stellte auf die Theorie des komparativen Vorteils ab: »In einem System des vollkommen freien Handels würde jedes Land sein Kapital und seine Arbeitskräfte natürlich den vorteilhaftesten Aktivitäten zuführen.«[19] Freiheit des Handels führt zu mehr Wohlstand als Protektionismus, wie er heute wieder um sich greift. Seine Theorie ist eine der stärksten ökonomischen Begründungen für Offenheit und Globalisierung. Staaten, die versuchen, durch permanente Intervention, Subvention und Abschottung ihre Wirtschaft zu »lenken«, handeln gegen die Logik der Freiheit.

Der deutsche Soziologe und Ökonom *Max Weber* analysierte die kulturellen Ursprünge des modernen Wirtschaftssystems. Nach seiner Erkenntnis hat der rationalistische Geist der Disziplin, einst religiös motiviert, die Basis für den Kapitalismus geschaffen. Doch dieser Rationalismus schlage im 20. Jahrhundert in Bürokratisierung um: »Nicht die ökonomischen Interessen, sondern die Ideen haben wie ein Eisenpanzer über das Leben geherrscht.«[20] Weber sieht eine paradoxe Gefahr: Die gleiche Rationalisierung, die den Wohlstand ermöglichte, droht zu einem System von Regeln, Normen und Hierarchien zu erstarren – ein »stahlhartes Gehäuse«, das die Freiheit des Individuums einschnürt.

Bürokratien schaffen nach Weber Stabilität, aber sie entmündigen zugleich. Sie verwandeln Bürger in Aktenfälle, reduzieren

Initiative auf Regelkonformität. Damit droht genau das, was Tocqueville als »sanfte Tyrannei« beschrieb – nicht durch Gewalt, sondern durch Überformung des Lebens durch abstrakte Regeln. In westlichen Demokratien ist die Bürokratie auf diese Weise zu einer »zweiten Haut« geworden. Sie reguliert jedes Detail – von Wirtschaft über Bildung bis hin zum persönlichen Lebensstil – mit der Folge von Innovationshemmung, Verantwortungsverlust und Phlegmatisierung der Gesellschaft.

Friedrich August von Hayek formulierte eine leidenschaftliche Warnung vor den Gefahren staatlicher Planwirtschaft: Je mehr der Staat plant, desto weniger plant der Einzelne. Für Hayek können nur Märkte und nicht Staaten das verstreute Wissen der Individuen effizient nutzen. Planwirtschaft und – in abgeschwächter Form – auch übermäßige Regulierung zerstören diese Selbststeuerung.[21] Sein Fachkollege *Milton Friedman* schloss an Hayek an: Kapitalismus ist kein Selbstzweck, sondern Bedingung für politische Freiheit. Ökonomische Freiheit schützt den Bürger vor staatlicher Willkür, weil sie alternative Handlungsmöglichkeiten zulässt.

Friedman prangerte in diesem Kontext die »Regelungsinflation« westlicher Demokratien an. Er zeigte eindrucksvoll auf, wie gut gemeinte Programme – Mindestlöhne, Preiskontrollen, Subventionen – oft das Gegenteil ihrer Absicht bewirken: Ineffizienz, Arbeitslosigkeit, Abhängigkeit – Tendenzen, die auch heute den politischen Diskurs prägen. Friedman sah den größten Fehler darin, politische Vorhaben und Programme an ihren Intentionen und nicht an ihren Ergebnissen zu messen. Die Kerneinsicht Friedmans: »Eine Gesellschaft, die Gleichheit vor Freiheit stellt, wird beides nicht bekommen. Eine Gesellschaft, die Freiheit vor Gleichheit stellt, wird ein hohes Maß an beidem erreichen.«[22]

IV. Bedrohungen der Freiheit

Die eigentliche Gefahr für die westlichen Demokratien liegt daher nicht darin, von Autokratien besiegt zu werden, sondern sich selbst in einen bürokratischen Etatismus hineinzuverwalten und damit ihre eigentliche Stärke, die Freiheit, preiszugeben. Die klassischen Freiheitsdenker definierten Tyrannei meist als offene Unterdrückung. Aber das von Alexis de Tocqueville gezeichnete Bild von der Fürsorgegewalt des Staates, der Menschen »in dauernder Kindheit« hält, ist prophetisch: Moderne Demokratien sind weniger durch Despoten bedroht, sondern durch Überregulierung, Bürger werden nicht geknechtet, sondern »umsorgt«, sodass Eigeninitiative stirbt. Etatismus bedeutet mithin nicht nur »viel Staat«, sondern eine Mentalität, die den Staat als Problemlöser für alle Lebenslagen betrachtet – mit der Folge von Regulierungsinflation, Subventionierung und Absicherung und Verwaltung des Status quo, Freiheitsverlust durch Entverantwortlichung.

Im 21. Jahrhundert hat sich der Etatismus verschärft – durch Digitalisierung, Globalisierung und eine Kultur der Risikovermeidung. Politik ist bestrebt, jede Unsicherheit zu neutralisieren – in der Finanzkrise durch Bankenrettungen, in der Pandemie durch minutiöse Vorschriften und Freiheitsentzug, in der Klimapolitik durch immer komplexere Regulierungsmechanismen und ESG-Berichtspflichten. Wir erleben eine Tyrannei der Komplexität, Bürger und Unternehmen fühlen sich wie in einem Labyrinth aus Vorschriften. Politik verliert an Autorität, weil sie in Details ertrinkt. In modernen Demokratien wandelt sich das staatliche Versprechen, die Freiheit durch klare Regeln, Gewaltenteilung und Transparenz zu schützen, in ein Dickicht aus Normen und Verfahren: Steuerrecht mit zehntausenden Seiten an Paragrafen, Klimagesetze mit Detailsteuerung für einzelne Industrien und Privatleute sowie Sozialgesetze, die Anspruch und Gegenanspruch in unendlichen Formeln regeln.

V. Freiheit als Quelle der Kreativität, aber auch des Zukunftsmutes und der Zuversicht

Freiheit ist mithin nicht nur ein Schutzrecht, sondern eine produktive Kraft. Offene Gesellschaften sind Innovationsinkubatoren: Das antike Athen mit seiner Demokratie und Philosophie, die europäische Aufklärungsgesellschaft – auch in Abgrenzung zur islamischen Welt –, die USA im 20. Jahrhundert als Aufbruchraum der Digitalisierung.

In offenen Gesellschaften entstehen die großen Innovationszentren (Silicon Valley, Biotech, KI, Kunst und Medien). Doch dieselben Gesellschaften drohen sich selbst durch Regelungswut zu lähmen. Start-ups scheitern nicht an Ideen, sondern an Genehmigungsverfahren. Bürger verlieren Lust an Initiative, weil sie im Formularkrieg unterliegen. Wenn wir Gleichheitsstreben, Sicherheit und Regulierung über Freiheit stellen, verlieren wir am Ende beides – Dynamik und Wohlstand.

Eine offene Gesellschaft ist durch drei Merkmale gekennzeichnet: Freiheit der Meinung und Kritik, rechtsstaatliche Sicherung individueller Rechte, Pluralismus und Wettbewerb von Ideen. Diese Elemente machen offene Gesellschaften zu lernenden Systemen. Offene Gesellschaften sind im Regelfall stabil, weil sie sich verändern können. Freiheit ist Resilienz, aber auch die Quelle von Zukunftsmut und Zuversicht, weil es eine Erfahrbarkeit des eigenen Tuns, Selbstwirksamkeit gibt.

Kreative Durchbrüche entstehen nicht durch kollektives Management, sondern durch Individuen, die gegen Widerstände Neues wagten: Galileo Galilei, Unternehmer wie Steve Jobs und Elon Musk, Künstler, Schriftsteller und Philosophen. Psychologen und Soziologen haben gezeigt: Menschen, die sich als frei und verantwortlich erleben, sind kreativer, resilienter und zufriedener. Autonomie ist ein Grundbedürfnis – sie steigert Motivation und Kreativität, auch im Führungsverständnis von Unternehmen.[23] Freiheit hat nicht nur moralische und ökonomische Vorteile, sondern auch psychologische, sie macht Menschen schöpferischer und zukunftsorientierter.[24]

VI. Ein neues Narrativ der offenen Gesellschaft

Geschichten prägen Gesellschaften stärker als Statistiken. Autokratien sind sich dessen bewusst und inszenieren ihre Macht durch Narrative: Ordnung, Effizienz, Stärke. Auch der westliche Etatismus lebt von einem Narrativ: Sicherheit, Fürsorge, Gerechtigkeit durch Regulierung. Doch die offene Gesellschaft hat ein Problem: Ihr Narrativ ist oft defensiv – sie verteidigt ihre Systemwelten, klagt über Bedrohungen, reagiert auf Krisen. Was fehlt, ist *eine offensive, optimistische Erzählung*, die in einer offenen Gesellschaft nach vorne spricht, von Mut, von Chancen und Risiko. Freiheit muss sich auch als *kulturelle Praxis* ausbreiten. Sie muss den Bildungskanon durchziehen und Menschen zu autonomen, selbst denkenden Akteuren einer demokratischen Bürgergesellschaft heranreifen lassen. Freie Sprache muss sich in offenen Debatten, Meinungsvielfalt und Toleranz niederschlagen und vermeintlich zulässige Meinungskorridore sprengen. Kurz: Freiheit ist der Schlüssel zu den Zukunftstoren.

VII. Zehn Zukunftsregeln der Freiheit

1. **Vorrang der individuellen Selbstbestimmung**
   Freiheit beginnt beim Einzelnen. Jeder Mensch besitzt Eigentum an seiner eigenen Person und damit das Recht,

sein Leben nach eigener Überzeugung zu gestalten. Kant definierte Autonomie als den Mut, sich des eigenen Verstandes zu bedienen; John Locke sah im Eigentum an der eigenen Person das Fundament aller Rechte. Miguel de Unamuno betonte, dass Freiheit eine tägliche Eroberung sei, kein Geschenk.
In der Praxis bedeutet das: Politik muss stets die Selbstbestimmung respektieren – in Bildung, Gesundheit, Berufswahl und Lebensgestaltung. Die Selbstbestimmung des Individuums ist der oberste Maßstab.[25]

2. **Eigentum und Vertrag als Freiheitsgaranten**
   Eigentum schafft Unabhängigkeit und Verantwortung. Adam Smith und David Ricardo zeigten, dass Märkte auf freiem Austausch beruhen, während Hayek betonte, dass Eigentum Macht dezentralisiert. Wer über Eigentum verfügt, kann Entscheidungen treffen, ohne vom Staat abhängig zu sein.
   Deshalb muss Eigentum in all seinen Formen geschützt werden – von der Wohnung über das Unternehmen bis zum geistigen Eigentum. Überall gilt: Freiheit erfordert Schutz vor staatlicher Übergriffigkeit.[26]

3. **Begrenzung staatlicher Macht und Regulierung**
   Macht neigt immer zum Missbrauch, wie Montesquieu klarmachte. Tocqueville warnte vor der »sanften Tyrannei« überregulierter Demokratien, Weber sprach vom »stahlharten Gehäuse« der Bürokratie. Freiheit verlangt daher eine bewusste Begrenzung staatlicher Macht.
   Der Staat muss sich auf Kernaufgaben konzentrieren – äußere und innere Sicherheit, Bildung / Wissenschaft / Forschung, soziale Sicherung im Sinne wirklicher Bedürftigkeit und moderne Infrastrukturen – und weite Rahmenwerke setzen.[27]

4. **Gewaltenteilung und Transparenz**
   Freiheit braucht nach dem Platonschen Freiheitsverständnis Institutionen, die Macht balancieren und Rechtssicherheit im gesellschaftlichen Gemeinschaftsraum schaffen. Montesquieu begründete die Gewaltenteilung als Bedingung der Demokratie.
   Heute bedeutet das, auch neue Machtzentren – supranationale Institutionen, Digitalkonzerne, Bürokratien – transparenter Kontrolle zu unterwerfen. Transparenz ist die moderne Form der Gewaltenteilung, die Bürgern Einblick und Einfluss zurückgibt. Der Bürger muss Subjekt des Geschehens bleiben.[28]

5. **Offenheit für Innovation und Irrtum**
   Freiheit heißt, Fehler zuzulassen. John Stuart Mill betonte die Vielfalt von Meinungen als Quelle des Fortschritts, Karl Popper sah Versuch und Irrtum als Geheimnis lernfähiger Gesellschaften. Innovation aber entsteht dort, wo Menschen Neues ausprobieren dürfen, ohne für Scheitern bestraft zu werden. Eine Gesellschaft, die Fehler kriminalisiert, produziert Stillstand.
   Nur Offenheit für Irrtum schafft Kreativität.[29]

6. **Bildung zur Mündigkeit, nicht zur Anpassung**
   Bildung ist der Schlüssel zur Freiheit. Kant forderte: »Sapere aude« – habe Mut, dich deines Verstandes zu bedienen. Bürgerbildung ist Grundlage eines lebendigen Liberalismus.
   Schulen und Universitäten dürfen daher nicht bloß Fachwissen vermitteln, sondern müssen Menschen befähigen, kritisch zu denken, Verantwortung zu übernehmen und eigenständig zu handeln. Bildung zur Anpassung macht Untertanen – Bildung zur Mündigkeit macht freie Bürger.[30]

7. **Schutz von Diskursräumen und Meinungsvielfalt**
   Ohne freie Debatten keine offene Gesellschaft. Ortega y Gasset machte deutlich, dass Kritik und Vielfalt Überlebensprinzipien sind, Freiheit also ein ständiger Kampf gegen Konformismus. Heute drohen Meinungsräume durch Cancel Culture, Wokeness, digitale Filterblasen und staatliche Eingriffe eingeengt zu werden. Die Definition von Meinungskorridoren und Sprachprägungen sind Formen von Repression, die sich Ventile sucht, aktuell im Erstarken von Randparteien.
   Offene Diskurse müssen geschützt werden – auch wenn sie unbequem sind. Vielfalt in den Meinungen ist die Voraussetzung für Erneuerung und Resilienz.[31]

8. **Verantwortung und Rechenschaft statt Bevormundung**
   Freiheit ist kein Freibrief, sondern Verpflichtung. Echte Freiheit versteht sich als Herrschaft der Vernunft in der Seele, der Orientierung am Guten, an Ordnung und Maß (Platon), was eine Gemeinwohlorientierung einschließt. Thomas Sowell warnte, dass es keine perfekten Lösungen gibt, sondern nur Abwägungen – Trade-offs.
   Politik muss für Entscheidungen Rechenschaft ablegen, Bürger müssen Verantwortung übernehmen, für sich einstehen, ihr Leben in die Hand nehmen. Wer alles an den Staat delegiert, verliert Selbstachtung und Gestaltungskraft.[32]

9. **Globalität der Freiheit – universelle Geltung**
   Freiheit ist nicht relativ, sondern universell. Thomas Paine betonte, dass die Rechte des Menschen überall gelten. Freiheit macht nicht bloß glücklich, sondern lässt uns überhaupt zu Menschen werden.
   In einer globalisierten Welt dürfen Demokratien nicht in den Fehler verfallen, Freiheit als »westliches Privileg« zu

betrachten. Sie ist Grundlage jeder Menschenwürde – und muss weltweit verteidigt werden.[33]

10. Freiheit als Zukunftsethos, nicht nur als Tradition
Freiheit ist kein nostalgisches Erbe, sondern eine Ressource, die mit ihrem Gebrauch wächst. Popper sah in der offenen Gesellschaft die einzige Ordnung, die lernfähig ist. Friedman betonte, dass Freiheit die Voraussetzung für Wohlstand ist. Nur Gesellschaften, die Freiheit leben, sind imstande, ihre Zukunft selbstbewusst zu gestalten, entwickeln Strahlkraft in der Welt und immer wieder neue Zukunftserzählungen.[34]
Deshalb muss Freiheit als Zukunftsethos verstanden werden: als Energiequelle für Innovation, Würde und Resilienz.

VIII. Vertrauen zur Freiheit

Diese zehn Regeln sind eine Agenda für die Erneuerung westlicher Gesellschaften: weniger Staat, mehr Vertrauen; weniger Fürsorge, mehr Verantwortung; weniger Konformität, mehr Vielfalt: Freiheit als Zukunftsenergie. Die zitierten großen Denker haben gezeigt: Freiheit stirbt nicht durch Gewalt allein, sondern auch durch Bequemlichkeit und Selbstvergessenheit.

In einer Zeit, in der Autokratien Stärke vortäuschen – auch durch kriegerisches Ausgreifen wie im Angriffskrieg auf die Ukraine – grenzen die Demokratien Freiheitsräume ein: »Even in a democracy a Government machine can gradually and silently whittle our freedom away. Government can legislate it away; they can regulate it away; and they can tax it away«[35], warnte die britische Premierministerin Margaret Thatcher.

In Abgrenzung zu diesen düsteren Tendenzen, die wir heute auch in Deutschland sehen, ist es entscheidend, ein Narrativ der Zuversicht zu entwerfen: Wir sind nicht Opfer der Geschichte, wir sind ihre Gestalter. Freiheit ist kein Risiko, sondern eine Chance. Zukunft entsteht dort, wo Menschen ihr Schicksal in die eigene Hand nehmen. Freiheit ist unser Ursprung und unsere Zukunft. Wer ihr vertraut, vertraut den Menschen. Finden wir zu diesem Vertrauen und dieser Stärke zurück!

Anmerkungen

1 US-Präsident Ronald Reagan auf einer Pressekonferenz am 12. August 1986: »The nine most terrifying words in the English language are ›I'm from the government and I'm here to help‹.« / www.reaganlibrary.gov/archives.

2 Vgl. Alexis de Tocqueville, *Über die Demokratie in Amerika*, Band 2, Buch IV, Kapitel VI, Stuttgart: Reclam, 1985, S. 408–412.

3 Siehe Immanuel Kant, *Beantwortung der Frage: Was ist Aufklärung?*, Stuttgart: Reclam, 1974, S. 9.

4 José Ortega y Gasset, *Der Aufstand der Massen*, Stuttgart: Reclam, 1985, S. 79–80.

5 John Stuart Mill, *Utilitarianism*, in: Collected Works of John Stuart Mill, Bd. X. Herausgegeben von J. M. Robson. Toronto/London: University of Toronto Press/Routledge & Kegan Paul, 1969, S. 213.

6 Miguel de Unamuno, *Vom tragischen Lebensgefühl.* Übersetzt von Fritz Gebhardt. München: C. H. Beck, 1923, S. 278.

7 Francis Bacon, *The Works of Francis Bacon*, Bd. 14, hrsg. von James Spedding, Robert Leslie Ellis, Douglas Denon Heath. London: Longman, 1857–1874, S. 95.

8 John Locke, *Two Treatises of Government*, hrsg. von Peter Laslett, Cambridge: Cambridge University Press, 1988, S. 287.

9 Siehe auch Paul Kirchhof, *Das Gesetz der Hydra, Gebt den Bürgern ihren Staat zurück!*, München, 2006.

10 Vgl. Charles de Montesquieu, *Vom Geist der Gesetze.* Übersetzt von Ernst Forsthoff. Stuttgart: Reclam, 1992, Buch XI, Kapitel 6, S. 211–214.

11 Immanuel Kant, *ebenda*, S. 9.

12 Juan Valera, *Amerikanische Briefe.* In: Gesammelte Werke, Bd. 4. Madrid: 1890, S. 52.

13 José Ortega y Gasset, *Meditationen über Don Quijote*. München: Piper, 1916 (erste dt. Übersetzung), S. 45; Neuauflage, Stuttgart: Reclam, 2001, S. 41.

14 Siehe dazu: Thomas Paine, *Common Sense. Die Unabhängigkeitserklärung*. Leipzig: Reclam, 1994, S. 13–14 / Thomas Paine, *Die Rechte des Menschen*. Hrsg. von Heinrich Scheel. Berlin: Akademie-Verlag, 1954, S. 109–110, 121.

15 Alexis de Tocqueville, *Über die Demokratie in Amerika*. Band II, Buch IV, Kapitel VI, übers. von Hans Zbinden. Zürich: Manesse, 1985, S. 408–410.

16 Adam Smith, *Theorie der ethischen Gefühle*. Hamburg: Meiner, 2004 (Übers. Walther Eckstein, Erstauflage 1926), Teil I, Abschnitt I, Kap. 1, S. 7.

17 Adam Smith, *Der Wohlstand der Nationen. Eine Untersuchung seiner Natur und seiner Ursachen*. Übers. von Horst Claus Recktenwald. München: dtv, 1978, Buch IV, Kap. II, S. 371–372.

18 Siehe dazu: Thomas Robert Malthus, *Das Bevölkerungsgesetz. Eine Untersuchung über seine Bedeutung für das menschliche Glück*. Leipzig: Insel, 1924, S. 13–15.

19 David Ricardo, *Grundsätze der Politischen Ökonomie und der Besteuerung*. Übers. von Max Stirner. Jena: Gustav Fischer, 1891, Kap. VII, S. 97–98.

20 Max Weber, *Die protestantische Ethik und der Geist des Kapitalismus*. Hrsg. von Dirk Kaesler. München: C. H. Beck, 2004, S. 201–202.

21 Vgl. Friedrich A. von Hayek, *Der Weg zur Knechtschaft*. München: Piper, 1971 (Erstübersetzung 1945), Kap. V, S. 131–132.

22 Milton Friedman, *Kapitalismus und Freiheit*. München: Piper, 1971, Kap. I, S. 25.

23 Siehe dazu: *Selbstbestimmung und Internalisierung: Motivation und Entwicklung aus der Sicht der Selbstbestimmungstheorie*. In: Julius Kuhl & Hans Beckmann (Hrsg.), *Volition und Persönlichkeit. Fortschritte der Motivationsforschung*. Göttingen: Hogrefe, 1994, S. 223–248, S. 230–233 (Verbindung von Autonomie, intrinsischer Motivation und Verantwortungsübernahme).

24 Für Max Weber war das »Protestantische Arbeitsethos« Motor von Disziplin und Innovation, solange er nicht im »stahlharten Gehäuse« der Bürokratie erstarrte. Siehe dazu: Max Weber, *Gesammelte Aufsätze zur Religionssoziologie I*. Tübingen: Mohr (Paul Siebeck), 1920, S. 202–203.

25 Siehe Isaiah Berlin, *Zwei Freiheitsbegriffe*. In: ders., *Freiheit. Vier Versuche*. Frankfurt am Main: Suhrkamp, 1995, S. 197–269 / Relevante Stellen: S. 206–210 (Freiheit als Selbstbestimmung und Autonomie).

26 Siehe dazu: Adam Smith, *Der Wohlstand der Nationen*. Übers. von Horst Claus Recktenwald. München: dtv, 1978, Bd. I, Kap. II, S. 17–18; David Ricardo, *Grundsätze der Politischen Ökonomie und der Besteuerung*. Übers. von Max Stirner. Jena: Gustav Fischer, 1891, Kap. VII, S. 97–98.

27 Vgl. Friedrich A. von Hayek, *Die Verfassung der Freiheit*. Tübingen: Mohr Siebeck, 1971, Kap. XIII, S. 209–210.

28 Dazu auch: Platon, *Der Staat.* Übers. von Friedrich Schleiermacher. Hamburg: Rowohlt, 2007, S. 470–475; Montesquieu, *Vom Geist der Gesetze.* Übers. von Ernst Forsthoff. Stuttgart: Reclam, 1992, Buch XI, Kap. 6, S. 211–214.

29 Vgl. John Stuart Mill, *Über die Freiheit.* Stuttgart: Reclam, 1974, Kap. II, S. 58–59; Karl Popper, *Die offene Gesellschaft und ihre Feinde.* Tübingen: Mohr Siebeck, 1957, Bd. I, S. 225–226.

30 Vgl. Wilhelm von Humboldt, *Ideen zu einem Versuch, die Grenzen der Wirksamkeit des Staates zu bestimmen.* Stuttgart: Reclam, 1960, S. 64–65; Immanuel Kant, *Beantwortung der Frage: Was ist Aufklärung?* Stuttgart: Reclam, 1974, S. 9; Karl Popper, *Die offene Gesellschaft und ihre Feinde.* Tübingen: Mohr Siebeck, 1957, Bd. I, S. 225–226.

31 Vgl. Ortega y Gasset, *Der Aufstand der Massen.* Stuttgart: Reclam, 1985, S. 79–80; John Stuart Mill, *Über die Freiheit.* Stuttgart: Reclam, 1974, S. 58–59; Hannah Arendt, *Zwischen Vergangenheit und Zukunft.* München: Piper, 1994, S. 318–364, hier S. 340–345;

32 Vgl. Platon, *ebenda*, S. 179–183; Thomas Sowell, *Knowledge and Decisions* (1980). Kapitel 2 (»Decision-Making Processes«), S. 13–14. Hans Jonas, *Das Prinzip Verantwortung.* Frankfurt am Main: Suhrkamp, 1979, S. 36–38, S. 63–64.

33 Vgl. Thomas Paine, *Die Rechte des Menschen.* Hrsg. von Heinrich Scheel. Berlin: Akademie-Verlag, 1954, S. 121–123; Manuel Azaña, *Reden und Schriften.* Ausgewählt und eingeleitet von Walther L. Bernecker. Frankfurt am Main: Suhrkamp, 1984, S. 142–143; Walther L. Bernecker, *Geschichte Spaniens im 20. Jahrhundert.* München: C. H. Beck, 2010, S. 163–164.

34 Vgl. Karl Popper, *ebenda*, S. 225–226; Milton Friedman, *ebenda*, S. 17–18.

35 Margaret Thatcher, *Speech to Exeter Conservatives (»Increasing Tax Means Diminishing Freedom«)*, 19 January 1976, veröffentlicht auf: *The Margaret Thatcher Foundation* (offizielle Dokumentensammlung), Dokument-ID 102963.

Veronika Grimm

Ökonomie als Weltenanker

Von den Voraussetzungen einer zukunftsfähigen Wirtschaft

Das Interesse an wirtschaftlichen Themen nimmt zu. Die Ökonomin freut das natürlich. Aber warum vertrauen wir der Marktwirtschaft immer weniger? Das könnte daran liegen, dass wir nach einer langen Wachstumsphase nun in schwierigere Zeiten geraten. Es waren die Jahrzehnte, in denen wir unseren Wohlstand erwirtschaftet haben, in denen sich die Deutschen auch sehr stark über diese Leistung identifiziert haben.

Doch dieses System ist gerade massiv unter Druck. Das kann natürlich dazu beitragen, dass viele Menschen an dem System zweifeln und glauben, andere Systeme könnten die Probleme besser lösen. Tatsächlich stehen wir in Deutschland vor großen strukturellen Herausforderungen, und zwar nicht erst seit einem oder zwei Jahren. Schon seit 2017 oder 2018 hat sich die Wirtschaftsleistung der Bundesrepublik eigentlich nicht zum Positiven verändert.

Die Stagnation, die wir aktuell erleben, geht auf strukturelle Faktoren zurück, die schon 2019 vom Sachverständigenrat zur Begutachtung der gesamtwirtschaftlichen Entwicklung, also den sogenannten »Wirtschaftsweisen«, gesehen wurden. Er hat schon damals angemahnt, sich diesen Herausforderungen zu stellen. Aber dann kamen die Krisen – Corona, Ukrainekrieg, Energiekrise – und die Politik hat umfangreiche Rettungspakete auf den Weg gebracht. Man hat es aber versäumt, die notwendigen strukturellen Anpassungen vorzunehmen. Nun drängt die Zeit: Die Wirtschaftsschwäche wird zunehmend zum Risiko – für den inneren Zusammenhalt und die äußere Sicherheit.

Denn das Wachstumspotenzial ist weiterhin auf historischem Tiefststand. Die Bundesregierung hat zwar jetzt umfangreiche Verschuldungsspielräume eröffnet. Aber wir sehen, dass diese Grundlage für den stetigen wirtschaftlichen Aufstieg der vergangenen Jahrzehnte nicht mehr gegeben ist. Vorbei also die Zeiten, in denen man davon ausgehen konnte, dass jede nächste Generation es einmal besser haben würde. Dieser stetige Aufstieg ist nicht realistisch, wenn das Wachstumspotenzial der Volkswirtschaft (also das Wachstum, das wir bei einer Normalauslastung erreichen können) aktuell nur 0,2 % oder 0,3 % beträgt, und nicht 2 %, wie sich die aktuelle Bundesregierung das wünscht.

Es muss also einiges passieren. Wir sehen zu wenig private Investitionen, zu wenig Innovationen und – vor allem aufgrund der seit Jahrzehnten geringen Geburtenraten – eine demografische Entwicklung, die zu einem sinkenden Angebot an Arbeitskräften führt. All dies dämpft das Produktionspotenzial. Wenn wir also wieder strukturell höhere Wachstumsraten bekommen und ein ordentliches Wirtschaftswachstum erreichen wollen, dann muss man hier ansetzen: Stärkung der privaten Investitionen, der Innovationen und ein höheres Arbeitsvolumen.

Weitere Herausforderungen für unsere Volkswirtschaft ergeben sich durch die geopolitischen Veränderungen. Sie stellen uns vor extreme Herausforderungen: Der Krieg in der Ukraine, der

Konflikt im Nahen Osten, andere Konfliktherde weltweit, der schwelende Konflikt zwischen den USA und China, der durch die USA ausgelöste Zollkrieg – all das hält uns auf Trab.

Die Entwicklung kommt nicht überraschend, aber wir wollten sie lange nicht sehen: 1960 noch betrug der Anteil der USA und Europas an der weltweiten Wirtschaftsleistung ungefähr 60 Prozent. Heute sind es nur noch knapp 40 Prozent. Das bedeutet insbesondere, dass die Wirtschaftskraft der westlichen Welt nicht mehr so stark ist, dass die USA ihre Hegemonialstellung aufrechterhalten können.

Außerhalb Europas wurden die Veränderungen durchaus erkannt. Schon seit vielen Jahren fordern uns die USA immer wieder auf, mehr für unsere eigene Verteidigung und mehr zur Aufrechterhaltung der Weltordnung zu tun. Diese Hinweise gab es aus den USA schon lange, unter Obama, unter Trump I und jetzt – sehr direkt – unter Trump II. Die letzten Regierungen in Deutschland haben das weit von sich und uns weggehalten, sie haben sich gescheut, die damit zusammenhängenden herausfordernden Fragen zu beantworten: Wie ist die Bedrohungslage? Wie sieht unsere eigene Verteidigungsfähigkeit aus? Welche Tradeoffs zwischen Verteidigungs- und Sozialpolitik gibt es und wie lösen wir sie? Wenn wir aber unsere westliche Welt verteidigen wollen – unsere Werte, unsere Rolle in der Welt – dann sind Wirtschaftskraft, entschlossenes Handeln und zukunftsorientierte Investitionen jetzt alternativlos.

Jetzt bringen wir zunächst Investitionen in die Verteidigungsfähigkeit über Staatschulden ans Laufen, während zugleich – schon seit Jahrzehnten – die Sozialausgaben stärker ansteigen als die Wirtschaftsleistung. Auf Dauer ist das nicht nachhaltig, vielmehr müssen wir umschichten. Zielkonflikte zwischen Ausgaben für ein umfangreiches soziales Sicherungssystem und für die Stärkung der Verteidigungsfähigkeit lassen sich mittel- und langfristig nicht ignorieren. Militärische Fähigkeiten werden in Zukunft wichtiger, um den Wirtschaftsstandort zu schützen und übrigens auch internationale Handelsrouten. Deren Sicherheit garantieren im Moment noch die USA, wir werden aber wahrscheinlich nicht darum herumkommen, dazu beizutragen und militärische Macht weltweit zu projizieren, wenn wir Welthandel betreiben wollen.

All das sind Fragen, die wir diskutieren müssen und die wir bisher nicht diskutiert haben. Es sind neue Herausforderungen für Europa, die zu einer Polarisierung führen. Manch einer streitet bisher ab, dass es diese Bedrohungen unserer Sicherheit überhaupt gibt. Deswegen sind die gesellschaftlichen Debatten über diese Herausforderungen eben auch besonders wichtig.

Die Verschuldungsspielräume werden uns zusätzliche Möglichkeiten verschaffen. Durch die zu erwartenden öffentlichen Aufträge wird die Unterauslastung unserer Industrie abnehmen und eine konjunkturelle Erholung einsetzen. Aber dieser Effekt dürfte verpuffen, wenn wir nicht zugleich durch Reformen die Wettbewerbsfähigkeit unserer Industrie steigern. Denn mittlerweile laufen uns asiatische Staaten – insbesondere China – auf den Weltmärkten den Rang ab – auch dort, wo wir mal ganz vorne standen, etwa bei Fahrzeugen oder im Maschinenbau. Überall haben die chinesischen Wettbewerber einen Fuß in der Tür und stellen Produkte in angemessener Qualität und zu günstigeren Preisen her. Auch deswegen ist unsere Industrie aktuell unter Druck und sehr niedrig ausgelastet. Private Investitionen in Deutschland entwickeln sich schwach.

Das geplante Investitionsprogramm wird also zwar vorübergehend helfen. Die öffentlichen Aufträge werden ab 2026 dazu führen, dass die Auslastung der Unternehmen steigt und wir dadurch ein bisschen Wachstum sehen werden. Das aber wird ein Strohfeuer sein, wenn nicht jetzt auch durch strukturelle Reformen das Produktionspotenzial erhöht wird. Es müssen neue Geschäftsmodelle entstehen, Deutschland muss als Standort attraktiv werden in Feldern, die ein hohes Wertschöpfungspotenzial haben. Zugleich muss die Staatsquote sinken, die mittlerweile bei 50 Prozent liegt. Wir dürfen nicht in eine ähnliche Situation geraten wie Frankreich, wo bei hoher Verschuldung des Staates die öffentlichen Haushalte durch Leistungsversprechen weitgehend zementiert sind – ein Teufelskreis.

In Deutschland führt die sinkende Wettbewerbsfähigkeit dazu, dass Industriearbeitsplätze abgebaut werden. Die Zahl der Arbeitsplätze wächst aktuell nur im öffentlichen Dienst, also in Behörden oder im Gesundheitssektor. Diese Entwicklung ist herausfordernd, weil wir Wertschöpfung in der Privatwirtschaft – sei es im Verarbeitenden Gewerbe oder auch im Dienstleistungssektor – brauchen, um die Wirtschaftskraft wieder anzuschieben.

Die Konsumenten bemerken diese ganzen Entwicklungen und wir sehen, dass die Sparquote lange Zeit sehr hoch war. Die Bürger sind verunsichert und halten erstmal ein bisschen was zurück. Sie tätigen größere Anschaffungen erst einmal nicht, sie sparen etwas an für das, was da kommen mag. Das sieht man in den aggregierten Daten, seit Jahren ist die Sparquote höher, als sie normalerweise vor den Krisen war. Die Prognostiker hoffen immer, dass das wieder abnimmt auf das alte Niveau. Denn wenn weniger gespart wird, dann wird die Wirtschaft angekurbelt, weil mehr konsumiert wird.

Wie also ist es: Helfen diese Staatsschulden uns weiter? Und was passiert jetzt eigentlich mit dem so genannten »Sondervermögen«, das eigentlich »Sonderschulden« heißen müsste? Die Bundesregierung treibt aktuell verschiedene Vorhaben voran. Begründet wurden diese Schulden ja einerseits mit der Notwendigkeit, die Verteidigungsfähigkeit zu stärken, und andererseits wurden 500 Milliarden für Investitionen in Infrastruktur vorgesehen. Aber es wird dauern, bis das alles in konkrete Aufträge umgesetzt sein wird. Hinzu kommt: Es gibt auch viele andere Wahlversprechen, die nun finanziert werden sollen: die Mütterrente, die Haltelinie bei der Rente, die Erhöhung der Pendlerpauschale, die Ausnahme der Gastronomie vom normalen Mehrwertsteuersatz, die Wiederbelebung der Agrardieselsubventionen.

Alle diese Wahlversprechen sind sehr kostspielig, aus dem normalen Haushalt ist das gar nicht zu stemmen. Aber es gibt einen Trick: Man verlagert nun Finanzierungen aus dem Normalhaushalt in das neue »Sondervermögen«, etwa Teile des Verteidigungsetats oder bereits eingeplante Investitionen. Indem man sie vom Haushalt in das Sondervermögen oder die Verteidigungs-Schulden schiebt, entstehen im Haushalt Spielräume für die genannten anderen Wahlversprechen. Alles über ein Prozent des BIP an Verteidigungsausgaben darf man ja nun über neue Schulden finanzieren. Das heißt, wenn man bisher 1,5 Prozent des Bruttoinlandsprodukts für Verteidigung ausgegeben hat, dann können 0,5 Prozent des BIP nun über die Sonderschulden finanziert werden, das sind aktuell ungefähr 20 Milliarden Euro. Dieser Betrag wird dann im Haushalt frei verfügbar für die Finanzierung höherer Zuschüsse für die Rentenversicherung oder für Subventionen. Das Problem ist: Die Politik schafft auf diese Weise immer weiter steigende Leistungsansprüche der Bürgerinnen und Bürger sowie der Unternehmen.

Auch andere investive Ausgaben hat man aus dem Normalhaushalt in den Schulden-Etat verschoben. Von den insgesamt 70 Milliarden Euro zusätzliche Verschuldung werden 56 Milliarden für konsumtive Ausgaben wie Renten und Subventionen genutzt. Das ist gewiss nicht wachstumsfördernd und verschleiert zudem den Reformbedarf. Wir sehen folglich, dass die strukturellen Probleme des Landes eben gerade nicht angegangen werden.

Eigentlich sollte das soziale Sicherungssystem so ausgestaltet sein, dass wir die Rentenversicherung, die Pflegeversicherung und die Gesundheitsausgaben aus den laufenden Einnahmen der Sozialversicherungen und den Steuereinnahmen bestreiten können. Die Sozialausgaben steigen aber seit Jahren stärker an als die Wirtschaftsleistung. In den Merkel-Jahren wurde die Friedensdividende – also die sinkenden Militärausgaben – genutzt, um die Finanzierungslücken zu schließen. Seitdem das nicht mehr möglich ist, bedient man sich über zusätzliche Verschuldung bei den kommenden Generationen – wir stehen vor einem großen Problem.

Natürlich kann man für jede dieser Sozialleistungen immer ein Argument finden, warum man das machen sollte. Indem man aber immer mehr Leistungsansprüche schafft, schafft man sich zugleich immer mehr Finanzierungsprobleme. Der Eintritt der Babyboomer-Generation in den Ruhestand wird zudem einen immensen Anstieg der Ausgaben der Sozialversicherungen bewirken, wenn nichts geändert wird. Das wird dazu führen, dass der Zuschuss zu den Rentenversicherungssystemen aus dem Bundeshaushalt immer stärker ansteigt, aktuell frisst er schon ungefähr ein Viertel des Bundeshaushalts auf, 120 Milliarden Euro gehen aus den Steuermitteln in die Rentenversicherung.

Man wird diese Zuschüsse nicht reduzieren können, aber man kann den Anstieg des Bundeszuschusses über Reformen dämpfen. Was passiert, wenn man den Anstieg nicht bremst und einfach über zusätzliche Schulden finanziert, sieht man in Frankreich – dort ist genau das über lange Zeit passiert. Man konnte sich nicht disziplinieren und hat vielen Anliegen nachgegeben. Nach der Finanzkrise lagen Deutschland und Frankreich bei den Staatsschulden gleichauf – bei etwa 80 Prozent. Der französische Schuldenstand ist seitdem immer weiter angestiegen auf mittlerweile 116 Prozent des Bruttoinlandsprodukts – das Land hat die höchste absolute Verschuldung in ganz Europa.

Dennoch blockieren die extremen Linken und die Rechtsextremen im Parlament dort jedes Reformvorhaben – es scheint Programm, die Regierung vorzuführen und so an Popularität zu gewinnen. Frankreich schafft es aufgrund der politischen Lähmung nicht mehr, sich haushaltspolitisch wieder auf eine sinnvolle Bahn zu bringen. Das beobachten die Anleger an den Kapitalmärkten zunehmend mit Sorge. Der französische Staat muss daher für seine Schuldtitel immer höhere Zinsen zahlen, die Anleiherenditen für Frankreich sind deutlich angestiegen, sie lagen teilweise über den Anleiherenditen Italiens. Das ist für Frankreich eine bedrohliche Situation, denn die hohen Zinslasten nehmen dort zusätzlich Haushaltsspielräume weg, neben den wachsenden Leistungsansprüchen aus dem Rentenversicherungssystem.

Die gleiche besorgniserregende Entwicklung beginnt – wenn auch auf niedrigerem Niveau – gerade in Deutschland. Man kann sich auch nicht disziplinieren und beeilt sich, verschiedenste Anliegen zu befriedigen. Als die Zinsen sehr niedrig waren, war das kein so großes Problem. Mittlerweile belaufen sich die Zinslasten aber auch in Deutschland schon auf über 30 Milliarden Euro, Tendenz steigend. Dieses Geld fehlt für zukunftsorientierte Ausgaben, etwa für Bildung, für Investitionen in Infrastrukturen. Ohne Reformen, die Spielräume im Haushalt schaffen, heißt es dann schnell: Wenn man also weiter investieren will, dann muss man eben auch wieder in die Verschuldung gehen – die Spirale nimmt ihren Lauf.

Es ist zu hoffen, dass das Beispiel Frankreichs hierzulande für ein Aufwachen sorgt – nicht zuletzt deshalb, weil es für die Europäischen Union eine Zerreißprobe wäre, wenn mehrere große Mitgliedstaaten in solche Probleme geraten. Der Zusammenhalt in der Europäischen Union würde gefährdet in einer Situation, in der wir gerade den Binnenmarkt sowohl für unseren Wohlstand über den Handel, aber eben auch sicherheitspolitisch dringend benötigen. Auch für die Sicherheit ist es eben viel effektiver, wenn wir als Europäische Union zusammenarbeiten.

In den nun notwendigen schwierigen gesellschaftlichen Debatten müssen wir uns ehrlich machen. Ganz schnell wird da auf andere gezeigt. Ich bin kein großer Fan von Donald Trump, aber: Donald Trump wird für viele Probleme als Ausrede herangezogen, bei denen eigentlich wir selbst unsere Hausaufgaben machen müssten. Oder wir zeigen auf die Chinesen. Oder auf Putin. Wir haben aber ganz konkret eigene strukturelle Probleme, die wir auch ganz konkret selbst lösen können und lösen müssen. Da sollten wir ansetzen, die Politik muss den Menschen reinen Wein einschenken und auch mehr über die Lösung unserer Probleme diskutieren.

Das erste habe ich schon angesprochen. Wir haben seit 2017 oder 2018 einen Rückgang der Wertschöpfung im verarbeitenden Gewerbe – einst das Rückgrat der deutschen Industrie und der Exportnation Deutschland. Maschinenbau, Automobilindustrie, Chemieindustrie – sie haben dafür gesorgt, dass wir unseren Wohlstand aufbauen konnten und dass wir über den Welthandel viele andere Länder auf diesem Weg haben mitnehmen können.

Wir haben den Wohlstand gemeinsam gesteigert. Das wird nun herausgefordert, die Wertschöpfung im verarbeitenden Gewerbe nimmt nicht rapide, aber doch sehr spürbar ab. Gleichzeitig sehen wir, dass die Beschäftigung sich in den Dienstleistungsbereich verlagert, wie sie das in allen entwickelten Volkswirtschaften tut.

Die Herausforderung in Deutschland ist, dass diese Verschiebung in den Dienstleistungsbereich eben nicht in die hochproduktiven Dienstleistungsbereiche stattfindet, also nicht in die Digitalisierung oder in Künstliche Intelligenz, also in High-Tech-Dienstleistungen, bei denen viel Geld verdient werden kann. Bei uns findet diese Verschiebung in den öffentlichen Dienst und in den Gesundheitssektor statt. Das müssen wir ändern. Wir müssen es schaffen, diesen Strukturwandel, gegen den wir uns nicht vollständig wehren können, in eine produktive Richtung zu lenken und innovative, sehr wertschöpfungsstarke Industrien zu uns nach Deutschland zu holen. Das setzt jedoch voraus, das Land attraktiv zu machen, damit die Industrien mit ihren Fachkräften gerne kommen.

Es bringt nichts, nur das Alte bewahren zu wollen. Denn wir sehen, dass die Schwellenländer – allen voran China – die Produkte, die unsere Qualitätsvorsprung einst ausmachten, mittlerweile in gleicher Qualität und auch noch günstiger produzieren können. Die Solarindustrie ist schon in großem Umfang fast vollständig nach China abgewandert. China ist auch auf dem Vormarsch beim Bau von Windkraftanlagen, von Batterien, von Elektrofahrzeugen, bei wichtigen digitalen Komponenten für die Energiewende. China baut massiv Produktionskapazitäten auf, die weit über das hinausgehen, was das Land für seine eigene Transformation braucht. China plant da mit Blick auf den Export und hat wahrscheinlich auch in vielen Teilen der Welt gute Chancen, andere Länder mit den entsprechenden Produkten zu versorgen, einfach weil sie günstig produzieren und weil sie andere Rahmenbedingungen haben.

Wir müssen also wieder mehr ins Risiko gehen. Ziel muss es sein, Technologieführer bei Schlüsseltechnologien zu werden. Zu lange haben wir uns damit abgefunden, dass wir bestimmte Dinge gut können und das dann marginal immer weiterentwickelt. Wenn man mal vergleicht, wie die Europäische Union, die USA und China ihre Technologieforschung und Technologieentwicklung betreiben, dann sieht man in den USA ganz klar, dass dort verhältnismäßig wenig geschieht im mittleren Technologiebereich, in dem gut etablierte Produkte weiterentwickelt werden. Vielmehr wird in den USA massiv im High-Tech-Bereich investiert, dort also, wo man Produkte an der Grenze des bisher technologisch Machbaren entwickelt, im ›High Risk‹-Bereich. Das ist bei der Künstlichen Intelligenz etwa das Quantencomputing, ebenso sind es Entwicklungen für die Weltraum-Nutzung, aber eben auch in der Nuklearforschung oder der Gentechnik. Oft setzt sich Forschung dort auch in Produkte um, die Kapitalmärkte finanzieren die Skalierung der Produktion.

Viele dieser Themen werden bei uns seit Langem kontrovers diskutiert, wir zeigen uns risikoavers und überlegen erst einmal lange, welche Risiken mit solchen Entwicklungen verbunden sind, und dann machen wir das lieber nicht. Bei zukunftswichtigen Technologien wie zum Beispiel künstlicher Intelligenz ist das aber keine gute Idee, weil andere Staaten wie China und die USA im Bereich Künstliche Intelligenz vorangehen und wir diese Fähigkeiten nicht im gleichen Umfang entwickeln. So geraten wir schnell in die Defensive, nicht nur wirtschaftlich, sondern auch sicherheitspolitisch.

Auch im Bereich der Gentechnik müssten wir uns mehr trauen, denn die weltweiten Ernährungsprobleme wird man nur mit Gentechnik adressieren können, die damit verbundenen Risiken sind überschaubar. Ein anderer Bereich ist Atomkraft – da gibt es ja ohnehin eine hitzige Diskussion in Deutschland. Ich gehöre zwar nicht zu denen, die noch daran glauben, dass wir in Deutschland wieder in die Atomkraft einsteigen. Aber zumindest in der Europäischen Union müssen wir uns offen zeigen, mit anderen Ländern zu kooperieren, die weiter auf Atomkraft setzen, sodass man aus den verschiedenen technologischen Ansätzen gemeinsam in der EU das Beste machen kann.

Für diese Gemeinsamkeit ist aber eine weniger technikfeindliche und offenere Regulierung nötig. Das ist ein entscheidender, aber oft übersehener Punkt: Wir haben im Bereich Hochtechnologie und im Bereich Dienstleistungen vieles dadurch verhindert, dass wir es durch zu viel und fehlgeleitete Regulierung sehr komplex machen, zu gründen und neue Geschäftsmodelle voranzutreiben. Letztens sagte mir ein Gründer, der mit einem 3D-Drucker Bauteile drucken wollte für klimafreundliche Häuser, er habe sich dann bei einem Anwalt über die relevanten Vorschriften informiert und dann habe er seine Idee ziemlich schnell wieder verworfen. Unsere Lust an Bürokratie hat uns in einschlägigen Wettbewerbsfähigkeitsrankings mittlerweile im Vergleich mit anderen Ländern schon so einige Plätze gekostet.

Es gibt noch andere Baustellen für die Politik, etwa die Unternehmensbesteuerung. Oder der Wohnungsbau, ein hitziges Thema, weil erschwinglicher Wohnraum extrem wichtig ist, um wirtschaftlich wieder auf einen grünen Zweig zu kommen. Wenn wir Arbeitskräfte nach Deutschland holen wollen, dann müssen sie auch günstig wohnen können, dann darf die Konkurrenz um die Wohnung nicht verhindern, dass die Leute bei uns willkommen sind.

Was aber geschieht bei uns? Durch die Mietenregulierung verschärfen wir das Problem noch und erzeugen am Wohnungsmarkt eine

Investitionsschwäche, denn sowohl Zinsen als auch Baukosten sind im Zuge der Krisen stark angestiegen. Wir aber haben diese Mietenregulierung nicht angepasst. Das Ergebnis: In einer Bestandswohnung zu wohnen in einer großen deutschen Stadt ist ungefähr 25 Prozent günstiger ist als in einer neu gemieteten Wohnung. Also will niemand aus den Bestandswohnungen ausziehen. Wer eine solche Wohnung hat, findet einen Mietendeckel natürlich prima, und diese Menschen sind in der Mehrheit. Die Interessen der Minderheit der Wohnungssuchenden fallen unter den Tisch.

Demzufolge sind viele nicht bereit, für den Jobwechsel umzuziehen. Die Mobilität ist deshalb niedrig. Zudem wird viel Platz verbraucht. Ein Ehepaar, dessen Kinder ausgezogen sind, wird seine Wohnung nicht verlassen, wenn der Umzug keine Kostenersparnis mit sich bringt. Das führt wiederum dazu, dass der Wohnraum pro Person in Deutschland stark ansteigt und das Wohnungsproblem weiter verschärft wird. Es wäre daher angezeigt, die Mietenregulierung zu lockern und zugleich die Baukosten durch stark reduzierte Bauvorschriften zu senken – damit wieder privatwirtschaftlich gebaut wird.

Ein weiteres extrem wichtiges Thema ist die Rente. Das Thema polarisiert, weil es viele Menschen betrifft und vor allen Dingen die Mehrheit der Wählerinnen und Wähler in höherem Lebensalter ist. Unser Rentensystem basiert auf dem Umlageverfahren, die aktuell Erwerbstätigen zahlen über ihre Beiträge die Renten für die aktuellen Rentner und erwerben darüber zugleich ihre Rentenansprüche. Das ist ein kluges System gewesen nach dem Krieg, als es darum ging, die erste Rentnergeneration zu finanzieren.

Damals gab es viel mehr Erwerbstätige als Rentner: Auf einen Rentner kamen sechs Erwerbstätige, die seine Rente erwirtschaftet haben. Zudem hatten wir anfangs noch höhere Geburtenraten, die dann aber stetig abnahmen. Heute ist es so, dass auf einen Rentner noch 2,5 Erwerbstätige kommen, und 2030 kommen auf einen Rentner zwei Erwerbstätige. Das illustriert: Wir begeben uns ohne Reformen in eine Sackgasse, das System kann so nicht bleiben. Wir haben es bisher nicht geschafft, dieses System zumindest mit einem sinnvollen System der kapitalgedeckten Alterssicherung zu flankieren. Andere Länder haben das längst gemacht, sie stehen – weil die kapitalgedeckte Alterssicherung bei niedrigen Geburtenraten viel besser rentiert – jetzt besser da als wir in Deutschland.

Bei uns wird seit langer Zeit über Reformen diskutiert, aber die Entscheidungen laufen zumeist in genau die falsche Richtung. Ein Vorschlag ist, Beamte und Selbständige in die gesetzliche Rentenversicherung einzubeziehen. Der Vorschlag löst aber das eigentliche Finanzierungproblem nicht. Denn bei Beamten fallen die Zahlungen der Pension natürlich trotzdem an. Wenn man jetzt die Beamten in die gesetzliche Rentenversicherung integriert, dann muss der Staat zusätzlich noch die Beiträge zur gesetzlichen Rentenversicherung aufbringen – das ist in den aktuellen Haushalten gar nicht vorgesehen, da würden insbesondere die Länder und die Kommunen in die Bredouille geraten. Man sollte allerdings darüber nachdenken, nicht mehr so viele Berufsgruppen zu verbeamten, das würde sicherlich helfen. Aber einfach nur ein Transfer – das wäre linke Tasche, rechte Tasche und wahrscheinlich sehr viel Aufwand für sehr wenig Ertrag.

Bei den Selbständigen ist es so: Bezöge man sie in die gesetzliche Rentenversicherung ein, würden zwar erst einmal die Einnahmen durch Beitragszahlungen steigen, aber auf der anderen Seite zwingen wir dann die Selbstständigen in ein System, das eine schlechte Rendite verspricht. Wenn wir die Selbstständigen verpflichten wollen, fürs Alter vorzusorgen, dann sollten wir ihnen zumindest offenlassen, ob sie an der gesetzlichen Rentenversicherung teilnehmen oder kapitalgedeckt und somit ertragreicher vorsorgen wollen. Nebeneffekt wäre, dass der Staat bei denen, die kapitalgedeckt vorsorgen, nicht so viel zuschießen muss, wenn die Rente später nicht reicht, weil sie am Kapitalmarkt ertragreicher sparen können.

Jene Rentenreformen, die wirksam sind, sind leider auch die schmerzhaften. Da wäre zunächst die Kopplung des Renteneintrittsalters an die längere Lebenserwartung zu nennen. Wenn also die Lebenserwartung um ein Jahr steigt, dann würden zwei Drittel davon dem Erwerbsleben zugeschlagen und ein Drittel davon der Rentenzeit. Bei den aktuellen Prognosen zur Entwicklung der Lebenserwartung bedeutet das, dass innerhalb von zehn Jahren das Renteneintrittsalter um ungefähr acht Monate ansteigen müsste. Das hilft schon, um eine gewisse Ausgewogenheit sicherzustellen. Diskutiert wird auch, den Anstieg der Bestandsrenten nicht an die Löhne zu koppeln, sondern an das Preisniveau. So würde die Inflation ausgeglichen. Auch das könnte den zu erwartenden Ausgabenanstieg in der Rentenversicherung etwas dämpfen.

Wirksame Maßnahmen, die die Herausforderungen tatsächlich adressieren, sind meistens auch gesellschaftlich kontrovers. Letztlich müssen wir als Gesellschaft entscheiden, ob wir reformfähig bleiben wollen oder uns in eine Situation hineintreiben lassen, wie wir sie etwa in Frankreich heute schon erleben. Ich jedenfalls bin sehr zuversichtlich, dass wir Deutschland gemeinsam und in konstruktiven Diskussionen wieder auf den richtigen Weg bringen können, wenn die Politik die richtigen Entscheidungen trifft. Denn das Land und die Menschen haben ein großes – aktuell weit unterschätztes – Potenzial, Probleme zu lösen und dazu auch anzupacken.

Die Kirchen können übrigens dazu beitragen, dass die Menschen solidarisch bereit sind, Einschnitte hinzunehmen, damit das Land seine Potenziale heben kann und wieder besser dasteht. Sie sind ein Ort der Begegnung und des Nachdenkens über die Aufgaben, die wir als Gemeinschaft vor uns haben.

Über die Autoren

Prof. Dr. Veronika Grimm (geboren in Rendsburg) ist Mitglied im Sachverständigenrat zur Begutachtung der gesamtwirtschaftlichen Entwicklung. Sie studierte Volkswirtschaft und Soziologie in Hamburg und Kiel, promovierte an der HU Berlin und habilitierte sich in Köln. Nach Forschungsaufenthalten in Alicante, Köln, Brüssel und Louvain wurde sie 2008 an die Universität Erlangen-Nürnberg berufen und war dort Professorin für Volkswirtschaftslehre und Inhaberin des Lehrstuhls für Volkswirtschaftslehre, insbesondere Wirtschaftstheorie. Zugleich war sie Leiterin der Economy-Abteilung des Energie-Campus Nürnberg (EnCN). 2024 wechselte sie an die Technische Universität Nürnberg als Professorin für Energiesysteme und Marktdesign. Sie leitet dort den Forschungsbereich »Energiemarktdesign«. Sie ist in mehreren Fachgremien und Beiräten aktiv. Ihre Berufung in den Sachverständigenrat erfolgte im April 2020.

Dr. Tiemo Kracht, (geboren in Schleswig) ist Inhaber der Unternehmens- und Personalberatung BOARD CONNECT GmbH mit Hauptsitz in Hamburg. Er studierte Volkswirtschaftslehre, Politikwissenschaften, Neuere Geschichte und öffentliches Recht an der Universität in Kiel / Institut für Weltwirtschaft, der Pennsylvania State University (USA) und der Universität in Bratislava (Slowakei). Master-Abschluss und Promotion, dann wissenschaftlicher Mitarbeiter am Institut für Politische Wissenschaften und am Institut Sicherheitspolitik an der Universität Kiel, Research Fellow / Dozent am Center for Research of International Strategic Studies (CRISS) der Pennsylvania State University und Research Associate beim US-Verteidigungsministerium. Mitglied der Atlantik-Brücke e. V., seit 29 Jahren Geschäftsführer internationaler und deutscher Beratungsunternehmen.

Armin Laschet (geboren in Aachen) ist Mitglied des 21. Deutschen Bundestages und dort auch Vorsitzender des Außenpolitischen Ausschusses. Zudem ist er Vizepräsident der Parlamentarischen Versammlung des Europarates. Nach seinem Jurastudium arbeitete er als Journalist, dann als wissenschaftlicher Berater der Präsidentin des Deutschen Bundestages. 1989 bis 2004 Ratsherr der Stadt Aachen. 1994 bis 1998 Mitglied des Deutschen Bundestages. 1995 bis 1999 Verlagsleiter und Geschäftsführer der Einhard-Verlags GmbH. 1999 bis 2005 Mitglied des Europäischen Parlaments. 2005 bis 2010 Minister für Generationen, Familie, Frauen und Integration des Landes Nordrhein-Westfalen, ab 2010 zugleich Minister für Bundesangelegenheiten, Europa und Medien. 2012 bis 2021 Vorsitzender der CDU Nordrhein-Westfalen. 2013 bis 2017 Vorsitzender der CDU-Landtagsfraktion in Nordrhein-Westfalen. 2017 bis 2021 Ministerpräsident des Landes Nordrhein-Westfalen. 2019 bis 2021 Bevollmächtigter der Bundesrepublik Deutschland für kulturelle Angelegenheiten im Rahmen des Deutsch-Französischen Vertrags. 2021/2022 Vorsitzender der CDU Deutschlands. Laschet ist auch Mitglied im Direktorium des Internationalen Karlspreises zu Aachen.

Prof. Michael Rutz (geboren in Coburg) ist Publizist. Nach dem Studium der Rechts- und Wirtschaftswissenschaften in Würzburg trat er 1976 in die Wirtschaftsredaktion des Bayerischen Rundfunks ein. Nach Stationen als Auslandskorrespondent in

Washington und London war er Abteilungsleiter Wirtschaft im Hörfunk, dann stellvertretender Chefredakteur des Bayerischen Fernsehens. Von 1989 bis 1994 war er Chefredakteur des Privatsenders SAT1. 1994 übernahm er die Wochenzeitung *Rheinischer Merkur* als Chefredakteur, die er bis zu deren Verkauf 2010 leitete. Rutz ist Honorarprofessor an der Hochschule für Medien in Mittweida und Geschäftsführender Gesellschafter der Prof. Rutz Communications GmbH. Er ist Autor zahlreicher Bücher und Fernsehfilme und *»spiritus rector«* der DomGedanken.

Dr. h.c. Annette Schavan (geboren in Jüchen) ist Vorsitzende der Hertie-Stiftung. Sie studierte Erziehungswissenschaften, Philosophie und Katholische Theologie in Bonn und Düsseldorf. Berufliche Stationen führten sie über das Cusanus-Studienförderungswerk und das Generalvikariat des Bistums Aachen 1987 in das Amt der Bundesgeschäftsführerin der Frauen-Union. 2001 wurde sie Landtagsabgeordnete der CDU in Baden-Württemberg, bereits 1995 wurde sie dort Ministerin für Kultus, Jugend und Sport. 2005 Wahl in den Bundestag. 2005 Berufung zur Bundesministerin für Bildung und Forschung. Von 2014 bis 2018 war Annette Schavan Botschafterin der Bundesrepublik Deutschland beim Heiligen Stuhl in Rom. Sie ist Mitglied in zahlreichen Kuratorien und seit 2024 Vorsitzende der Hertie-Stiftung.

Prof. Dr. Otmar Wiestler (geboren in Freiburg im Breisgau) ist Präsident der Helmholtz-Gemeinschaft, der größten der deutschen Forschungsorganisationen. Er studierte in Freiburg Medizin und promovierte dort summa cum laude. Berufliche Stationen waren San Diego in Kalifornien sowie das Universitätsspital in Zürich, wo er auch als Pathologe habilitiert wurde. 1992 übernahm er das Institut für Neuropathologie am Universitätsklinikum Bonn. Von 2004 bis 2015 war er Vorsitzender und wissenschaftliches Mitglied des Stiftungsvorstandes des Deutschen Krebsforschungszentrums Heidelberg. Präsident der Helmholtz-Gemeinschaft Deutscher Forschungszentren e. V. ist er seit 2015.